AF275243

COLEX

Disfrute gratuitamente **DURANTE UN AÑO** del eBook de esta obra
Propiedad horizontal en Cataluña. Paso a paso

⊘ Acceda a la página web de la editorial **www.colex.es**

⊘ Identifíquese con su usuario y contraseña. En caso de no disponer de una cuenta regístrese.

⊘ Acceda en el menú de usuario a la pestaña «Mis códigos» e introduzca el que aparece a continuación:

RASCAR PARA VISUALIZAR EL CÓDIGO

⊘ Una vez se valide el código, aparecerá una ventana de confirmación y su eBook estará disponible **durante 1 año desde su activación** en la pestaña «Mis libros» en el menú de usuario.

¡Gracias por confiar en Colex!

La obra que acaba de adquirir incluye de forma gratuita la versión electrónica. Acceda a nuestra página web para aprovechar todas las funcionalidades de las que dispone en nuestro lector.

Funcionalidades eBook

Acceso desde cualquier dispositivo

Idéntica visualización a la edición de papel

Navegación intuitiva

Tamaño del texto adaptable

Síguenos en: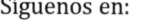

PROPIEDAD HORIZONTAL EN CATALUÑA

Análisis de la regulación de la propiedad
horizontal en el Código civil de Cataluña

PROPIEDAD HORIZONTAL EN CATALUÑA

Análisis de la regulación de la propiedad
horizontal en el Código civil de Cataluña

2.ª EDICIÓN 2024

**Obra realizada por el Departamento de
Documentación de Iberley**

Coordinador
Alejandro Fuentes-Lojo Rius

COLEX 2024

© Editorial Colex, S.L.
Calle Costa Rica, número 5, 3.º B (local comercial)
A Coruña, 15004, A Coruña (Galicia)
info@colex.es
www.colex.es

I.S.B.N.: 978-84-1194-461-8
Depósito legal: C 654-2012

SUMARIO

ANEXO I.
CASOS PRÁCTICOS

ANEXO II.
FORMULARIOS

1.
DEL RÉGIMEN JURÍDICO DE LA PROPIEDAD HORIZONTAL EN CATALUÑA: LEY 5/2006, DE 10 DE MAYO

¿Cómo se regula la propiedad horizontal en Cataluña?

El régimen de propiedad horizontal en Cataluña, a partir del 1 de julio de 2006, se regula conforme a lo establecido en la Ley 5/2006, de 10 de mayo, del libro quinto del Código civil de Cataluña (en adelante CCCat). El título V de esta norma regula las llamadas situaciones de comunidad, dedicando el capítulo III a la regulación de la propiedad horizontal que, según señala el propio preámbulo de la ley, supone una de las novedades más importantes.

La regulación parte de la base de la existencia de un inmueble unitario en el que concurre más de un titular y que está compuesto simultáneamente de bienes privativos y bienes comunes relacionados entre ellos de modo inseparable. Adopta el modelo de la Ley de Propiedad Horizontal estatal de 1960, vigente en el momento de la aprobación de la presente ley, pero introduce varias modificaciones. La **primera sección** contiene las **disposiciones generales**, con la configuración de la comunidad, el título de constitución y el funcionamiento de la junta de propietarios, adaptado a las necesidades que la experiencia de los años y la evolución de la legislación hacían imprescindibles, entre las que destaca la limitación del principio de unanimidad a casos muy puntuales. Las **secciones segunda y tercera** regulan la **propiedad horizontal simple** y la **compleja**, esta última adecuada a los conjuntos inmobiliarios con varios edificios, pero con zonas comunitarias, como son piscinas o zonas de recreo. Es preciso destacar también la regulación de las zonas comunes de uso privativo y de los elementos privativos de uso común, el establecimiento de la acción de cesación sobre determinadas actividades y la exclusión de los derechos de tanteo y retracto para los locales con garajes y otros usos similares. La **sección cuarta** regula la **propiedad horizontal por parcelas** y, de acuerdo con la práctica jurídica, extiende los principios de la normativa a las mal llamadas urbanizaciones privadas.

Esta parte del Código Civil de Cataluña ha sufrido dos reformas, la más importante fue la llevada a cabo por la Ley 5/2015, de 13 de mayo, de modificación del Libro Quinto del Código Civil de Cataluña relativo a los derechos reales, que no ha alterado el sentido ni los principios de la redacción original, pero ha servido para dar solución a problemas que se manifestaron en la práctica, así como corregir imprecisiones, disfunciones y contrasentidos que se habían detectado —así lo declara el preámbulo de la ley—. Otra reforma (más reciente) fue la que se produjo con el Decreto Ley 28/2021, de 21 de diciembre, de modificación del libro quinto del Código civil de Cataluña, con el fin de incorporar la regulación de las instalaciones para la mejora de la eficiencia energética o hídrica y de los sistemas de energías renovables en los edificios sometidos al régimen de propiedad horizontal, por la que se modifican seis artículos con la finalidad de facilitar el acceso a las comunidades de propietarios a los fondos europeos Next Generation para la rehabilitación de viviendas con el objeto de hacerlas más sostenibles.

1.1. Régimen transitorio

El régimen transitorio aplicable a las comunidades prexistentes se establece a través de dos disposiciones transitorias.

D.T. 6.ª Régimen de propiedad horizontal

«1. Los edificios y conjuntos establecidos bajo el régimen de propiedad horizontal antes de la entrada en vigor del presente libro se rigen íntegramente por las normas del mismo, que, a partir de su entrada en vigor, se aplican con preferencia a las normas de comunidad o los estatutos que las regían, incluso si constan inscritas, sin que sea necesario ningún acto de adaptación específica.

2. La junta de propietarios, sin perjuicio de lo establecido por el apartado 1, debe adaptar los estatutos y, si procede, el título de constitución al presente código si lo pide una décima parte de los propietarios. Para adoptar el acuerdo que corresponde, es suficiente la mayoría de cuotas en primera convocatoria y la mayoría de las cuotas de los presentes o representados en segunda convocatoria. Si la adaptación que se propone no alcanza la mayoría necesaria, cualquiera de los propietarios que la ha propuesto puede solicitar a la autoridad judicial que obligue a la comunidad a hacer la adaptación. La autoridad judicial debe dictar una resolución, en todo caso, con imposición de las costas».

CUESTIÓN

Mi comunidad de propietarios se creó en el año 2001, los estatutos desde entonces no han sido modificados, por lo que no se han adaptado a la nueva regulación, ¿esto es legal?

Sí, la disposición transitoria 6.ª de la Ley 5/2006, de 10 de mayo, no obliga a la comunidad a adaptar los estatutos o, en su caso, el título constitutivo,

---

por lo tanto, es legal que una comunidad tenga unos estatutos que no estén adaptados a la nueva regulación. Así lo ha recogido la SAP de Girona n.º 96/2016, de 29 de abril, ECLI:ES:APGI:2016:201:

«En definitiva las normas que regulan la propiedad horizontal son en primer lugar el título constitutivo y los estatutos, teniendo en cuenta que ambos deben adaptarse a lo dispuesto en el capítulo tercero, título quinto del libro quinto del Código Civil de Cataluña, que será la norma supletoria en todo aquello no previsto por el título constitutivo o los estatutos. El CCCat. deja un amplio margen a la autonomía de la voluntad, desmarcándose así de la imperatividad de la normativa estatal vigente hasta el momento de su publicación.

Por otra parte y a fin de evitar la costosa adaptación de los estatutos de la comunidades vigentes al tiempo de entrada en vigor del Libro V, la Disposición Transitoria sexta permite que cada comunidad pueda decidir libremente si adapta o no sus estatutos a la legalidad. Salvo cuando así lo solicite la décima parte de propietarios, en cuyo caso la adaptación deviene obligatoria y, de no alcanzarse la mayoría necesaria, podrán los interesados solicitar a tal fin el auxilio de la autoridad judicial.

Por lo tanto es perfectamente legal que comunidades como la demandada no hayan adaptado hasta el momento sus estatutos a las disposiciones del CCCat. al no haberlo solicitado la décima parte de los propietarios».

En los supuestos en que no se ha adaptado los estatutos o el título constitutivo a la nueva regulación, se aplicará la ley con preferencia a las normas de la comunidad.

La disposición transitoria 7.ª establece un **régimen transitorio especial para las propiedades horizontales por parcelas existentes** en el momento de entrada en vigor de la ley, para las cuales se establece la obligación de constituirse de acuerdo con la nueva regulación.

D.T. 7.ª Propiedades horizontales por parcelas preexistentes

«1. Las propiedades horizontales por parcelas existentes antes de la entrada en vigor del presente libro **deben constituirse de acuerdo con las normas del título quinto**. Una vez transcurrido el plazo de cinco años, cualquier propietario o propietaria puede pedir judicialmente el otorgamiento del título.

2. Para el otorgamiento del título, es suficiente el voto favorable de los propietarios que representen a dos terceras partes del total de las parcelas concernidas, pero es preciso aportar la licencia del ayuntamiento del término municipal donde está situada la urbanización, o bien acreditar que se ha solicitado con más de tres meses de anticipación respecto al otorgamiento de la escritura.

3. Las parcelas o los elementos privativos pueden describirse simplemente haciendo referencia a la descripción que consta en el Registro de la Propiedad, indicando el número que les corresponde en la urbanización, los datos registrales de cada una y, si procede, la referencia catastral, así como, si procede, los elementos privativos destinados al aprovechamiento exclusivo de determinados propietarios.

4. La descripción de los elementos comunes debe especificar los viales, espacios, zonas verdes y obras de infraestructura común que tenga la pro-

piedad horizontal por parcelas, sin que sea imprescindible que conste la superficie ni la longitud de las calles, viales y zonas verdes.

5. Debe acompañarse el título de constitución, que se otorga de acuerdo con el artículo 553-57, del plano actualizado de las fincas que integran la propiedad horizontal por parcelas y de las fincas ocupadas por los elementos comunes. Si los viales han pasado al dominio público, el régimen de comunidad puede constituirse incluso si los propietarios de un número no superior al 20 % de las parcelas concernidas no se integran en la misma.

6. Para que las modificaciones que provienen de la adaptación del título de constitución o del otorgamiento de un nuevo título, si procede, consten en el Registro de la Propiedad, debe abrirse un folio separado e independiente para la urbanización en conjunto y debe hacerse una referencia con una nota marginal a cada una de las inscripciones de las fincas privativas, en la cual debe hacerse constar la cuota que le corresponde, de acuerdo con el artículo 553-58.

7. Las asociaciones de propietarios legalmente constituidas tienen la consideración de propietarios si los bienes que gestionan son de su propiedad y sus bienes tienen la calificación que resulta de la titularidad y el destino establecidos por el título. Los órganos de gobierno de estas asociaciones están legitimados para promover y gestionar el proceso de constitución de la propiedad horizontal por parcelas.

8. La propiedad de los bienes corresponde particularmente a los miembros de las asociaciones de propietarios de acuerdo con las normas civiles si dichos bienes no son patrimonio de la asociación o si esta no está legalmente constituida.

9. El otorgamiento del título de constitución no permite ni comporta en ningún caso la regularización de situaciones urbanísticamente irregulares y no comporta necesariamente la extinción de las asociaciones de propietarios».

1.2. Disposiciones generales: concepto de propiedad horizontal y ámbito de aplicación

La sección primera recoge una serie de disposiciones generales que se refieren a la configuración de la comunidad y su constitución. El artículo 553-1 del CCCat recoge la definición de la propiedad horizontal. El régimen de propiedad horizontal supone para los propietarios el **derecho de propiedad exclusiva sobre unos elementos**, los llamados elementos **privativos**, y un **derecho en comunidad** sobre los denominados **elementos comunes**. Una de las principales características del régimen de propiedad horizontal es que los elementos comunes son inseparables de los elementos privativos, por lo que, cualquier acto que afecte al elemento privativo repercutirá del mismo modo sobre el elemento común.

En este sentido se ha manifestado el Tribunal de Superior de Justicia de Cataluña en la **sentencia n.° 835/2017, de 27 de noviembre, ECLI:ES:TSJCAT:2017:11436**:

> «Y el artículo 553.1, del libro quinto del Codi civil de Cataluña, es terminante al señalar: "3. **Los elementos comunes son inseparables de los elementos privativos. Los actos de enajenación y gravamen y el embargo de los elementos privativos** se extienden a la participación que les corresponde en los elementos comunes. 4. El régimen de la propiedad horizontal excluye la acción de división sobre los elementos comunes y los derechos de adquisición preferente de carácter legal entre propietarios de diferentes elementos privativos. Esta exclusión no afecta a las situaciones de comunidad indivisa sobre los elementos privativos". Queda, pues, fuera de toda duda que la adquisición por el ayuntamiento de Barcelona de la totalidad de los apartamentos existentes en el inmueble en cuestión ha comportado también, por ministerio de la ley, la transmisión a la dicha Administración municipal de la respectiva participación que a los mismos correspondía en los elementos comunes del inmueble».

El Tribunal Superior de Justicia de Cataluña señala que derivado del hecho de que en el régimen de propiedad horizontal concurren sobre los elementos comunes, derechos individuales de igual clase, se hace necesario establecer una reglamentación de la convivencia, tanto desde el aspecto legal como por la voluntad de los propietarios, por lo que, adquiere importancia la aprobación del título constitutivo y de los estatutos.

RESOLUCIÓN RELEVANTE

STSJ de Cataluña n.° 33/2016, de 19 de mayo, ECLI:ES:TSJCAT:2016:3181

«Como hemos dicho en otras ocasiones, por todas STSJC de 20 de julio de 2015, la regulación actual de la propiedad horizontal viene recogida en Cataluña en el art. 553 del CCCat, aunque el art. 551-2,2 ya dice, que la comunidad en régimen de propiedad horizontal se rige por el título de constitución, que debe adecuarse a lo establecido en el capítulo III.

Ello no obstante, es perfectamente posible subrayar como característica de este tipo de comunidad aquello que ya decía la Exposición de Motivos de la Ley de 21 de julio de 1960 cuando afirmaba que: "A tal fin, a este objeto de la relación, constituido por el piso o local, se incorpora el propio inmueble, sus pertenencias y servicios. Mientras sobre el piso 'stricto sensu', o espacio, delimitado y de aprovechamiento independiente, el uso y disfrute son privativos, sobre el 'inmueble', edificación, pertenencias y servicios —abstracción hecha de los particulares espacios— tales usos y disfrute han de ser, naturalmente, compartidos.

El sistema de derechos y deberes en el seno de la propiedad horizontal aparece estructurado en razón de los intereses en juego.

Los derechos de disfrute tienden a atribuir al titular las máximas posibilidades de utilización, con el límite representado tanto por la concurrencia de los derechos de igual clase de los demás cuanto por el interés general, que se encarna en la conservación del edificio y en la subsistencia del régimen de propiedad horizontal, que requiere una base material y objetiva. Por lo mismo, íntimamente unidos a los derechos de disfrute aparecen los deberes de igual naturaleza.

> *Se ha tratado de configurarlos con criterios inspirados en las relaciones de vecindad, procurando dictar unas normas dirigidas a asegurar que el ejercicio del derecho propio no se traduzca en perjuicio del ajeno ni en menoscabo del conjunto, para así dejar establecidas las bases de una convivencia normal y pacífica".*
>
> *Los **Estatutos de la comunidad** constituyen un conjunto de reglas plasmadas por escrito y con fuerza de ley establecidas de común acuerdo por los copropietarios de un edificio sujeto al régimen de propiedad horizontal **para completar y desarrollar su ordenación legal**».*

Para la creación del régimen de propiedad horizontal es necesario el otorgamiento del título de constitución y supone:

- La existencia, presente o futura, de uno o más titulares de la propiedad de, al menos, un inmueble integrado por elementos privativos y elementos comunes.

- La determinación de la cuota de participación en los elementos comunes que corresponde a cada elemento privativo.

- La configuración de una organización para el ejercicio de los derechos y el cumplimiento de los deberes de los propietarios.

A TENER EN CUENTA. El artículo 551-2.2 del CCCat señala el régimen al que quedan sometidas las comunidades de propietarios que no han otorgado título constitutivo; en este sentido establece «2. La comunidad en régimen de propiedad horizontal se rige por el título de constitución, que debe adecuarse a lo establecido por el capítulo III. Las situaciones de comunidad que cumplen los requisitos de la propiedad horizontal y no se hayan configurado de acuerdo con lo establecido por el capítulo III se rigen por los pactos establecidos entre los copropietarios, por las normas de la comunidad ordinaria y, si procede, por las disposiciones del capítulo III que sean adecuadas a las circunstancias del caso».

La propiedad horizontal puede constituirse sobre cualquier edificio o inmueble, incluso en construcción, en los que coexisten elementos privativos que pertenecen a un propietario y tienen independencia funcional, y elementos comunes necesarios para el uso y disfrute de los elementos privativos. La Ley 5/2006, de 10 de mayo, amplía el concepto de propiedad horizontal a otras construcciones que no se regulan en la LPH. En este sentido el artículo 553-2.2 del CCCat establece que:

«Puede constituirse un régimen de propiedad horizontal en los casos de coexistencia en suelo, vuelo o subsuelo de edificaciones o usos privados y dominio público, de **puertos deportivos** con relación a los puntos de amarre, de **mercados** con relación a las paradas, de **cementerios** con relación a las sepulturas y en **otros semejantes**. Estas situaciones se rigen por los preceptos del presente capítulo adaptados a la naturaleza específica de cada caso y por la normativa administrativa que les es de aplicación».

Por su parte, la Ley de Propiedad Horizontal, en su art. 2, establece:

> «Esta Ley será de aplicación:
> a) A las comunidades de propietarios constituidas con arreglo a lo dispuesto en el artículo 5.
> b) A las comunidades que reúnan los requisitos establecidos en el artículo 396 del Código Civil y no hubiesen otorgado el título constitutivo de la propiedad horizontal.
> Estas comunidades se regirán, en todo caso, por las disposiciones de esta Ley en lo relativo al régimen jurídico de la propiedad, de sus partes privativas y elementos comunes, así como en cuanto a los derechos y obligaciones recíprocas de los comuneros.
> c) A los complejos inmobiliarios privados, en los términos establecidos en esta Ley.
> d) A las subcomunidades, entendiendo por tales las que resultan cuando, de acuerdo con lo dispuesto en el título constitutivo, varios propietarios disponen, en régimen de comunidad, para su uso y disfrute exclusivo, de determinados elementos o servicios comunes dotados de unidad e independencia funcional o económica.
> e) A las entidades urbanísticas de conservación en los casos en que así lo dispongan sus estatutos».

El Tribunal Superior de Justicia de Cataluña define las **características del régimen de propiedad horizontal**. Así la **STSJ de Cataluña n.º 14/2020, de 21 de mayo, ECLI:ES:TSJCAT:2020:5009**, determina las siguientes:

> «(...) Se añade que **este tipo especial de la propiedad es fruto inescindible de la propiedad separada de un piso o local y la copropiedad sobre elementos comunes** de modo que, tanto si se entiende como una yuxtaposición de propiedades (con cita de la STS S. 1.ª de 21-4-2004) o como un único derecho de naturaleza especial y compleja (RDGRN 19 de abril de 2007 y 27 de diciembre de 2010) tiene como características relevantes, entre otras, conforme dispone el art. 553-1 CCCat: (d) La **coexistencia de elementos privativos y elementos comunes** que sirven a los primeros. (e) La **fijación de una cuota o coeficiente de participación** de los elementos privativos en relación con el total del inmueble que determina y concreta la relación de los derechos sobre los bienes privativos con los derechos sobre los elementos comunes y que ha de servir para la distribución de las cargas y beneficios, de conformidad con el art. 553-3 CCCat. (f) La **inseparabilidad y la indisponibilidad de la cuota sobre las partes en copropiedad** que solamente podrán ser embargadas, gravadas o enajenadas conjuntamente con la parte privativa de la cual las partes comunes son inseparables, tal como establece el art. 553-1. 3 CCCat. De esta forma, el objeto presupuesto de la existencia de la propiedad horizontal es el edificio en el cual coexistan elementos privativos como viviendas o locales y espacios físicos susceptibles de independencia funcional. Los primeros pueden contar con elementos anejos que conforme al art 553-35 del CCCat vienen constituidos por espacios físicos vinculados en forma inseparable al elemento privativo del que forman parte ya que no tienen cuota separada ni

17

autonomía propia. Los elementos comunes que pueden ser por naturaleza o accesorios son aquellos cuya existencia deriva de su necesariedad para el adecuado uso y utilización de los elementos privativos. El **titulo constitutivo constituye la estructura de cada concreta propiedad horizontal,** el punto de referencia de la configuración del objeto y del alcance de los derechos, obligaciones y limitaciones de los propietarios y de quienes les sucedan».

2.
LAS DEUDAS COMUNITARIAS

¿En qué consiste la cuota de participación?

La singular configuración del régimen de propiedad horizontal, en la que existen elementos privativos y elementos comunes hace necesario determinar quién se hace cargo de los gastos de la comunidad y en qué medida. En este caso son los copropietarios quienes deben asumir el pago de los gastos que supone el mantenimiento y conservación de los elementos comunes. Lo harán conforme a su una cuota de participación sobre los elementos comunes, salvo que se haya previsto un criterio de contribución distinto en el título constitutivo.

La cuota define la participación que tiene cada comunero en los elementos comunes. Será determinante para establecer la medida en que cada propietario debe contribuir a los gastos comunes y al fondo de reserva, así como en la formación de las mayorías necesarias para aprobar los acuerdos de la junta de propietarios.

En el momento de constitución de la propiedad horizontal **se debe disponer en el título constitutivo** de la cuota de participación en los elementos comunes que corresponde a cada elemento privativo. El artículo 553-3 del CCCat establece que la misma se fija proporcionalmente a la superficie y ponderando el uso, el destino y los demás datos físicos y jurídicos de los bienes que integren la comunidad y se expresa en un porcentaje. Además de la cuota de participación se pueden establecer cuotas especiales para determinados gastos.

Esta cuota **puede ser fijada por el promotor** que constituya el régimen de propiedad horizontal **o por la junta de propietarios**. Para su aprobación por la junta se requerirá el **acuerdo unánime de los propietarios**. En el caso de que no sea posible llegar a un acuerdo, se podrá establecer por medio de la autoridad judicial o a través de un procedimiento extrajudicial de resolución de conflictos.

A TENER EN CUENTA. Por medio de la reforma llevada a cabo por la Ley 5/2015, de 13 de mayo se introduce la posibilidad de establecer la cuota de participación por medio de procedimiento extrajudicial de resolución de conflictos ya sea a través de arbitraje o de mediación.

Para la **modificación** de la cuota de participación, se requiere no solo una-nimidad, sino incluso el consentimiento expreso de los afectados (art. 553-25.4 del CCCat); si no se logra el acuerdo puede acudirse a la autoridad judicial o a un procedimiento extrajudicial de resolución de conflictos (art. 553-3.3 del CCCat).

> **CUESTIÓN**
>
> **El título constitutivo lo hizo el promotor del inmueble y estableció la misma cuota de participación para todos los pisos, ahora los propietarios queremos modificarla, ¿podemos hacerlo?**
>
> Sí, las cuotas de participación pueden ser modificadas por la junta de propieta-rios, para ello deberá ser aprobado mediante consentimiento expreso de todos los comuneros, conforme a lo establecido en el artículo 553-3.3 del CCCat «Las cuotas de participación se determinan y se modifican por acuerdo unánime de los propieta-rios o, si este no es posible, por medio de la autoridad judicial o de un procedimiento de resolución extrajudicial de conflictos», en relación con el art. 553-25.4 del CCCat: «Los acuerdos que modifiquen la cuota de participación, los que priven a cualquier propietario de las facultades de uso y disfrute de elementos comunes y los que determinen la extinción del régimen de la propiedad horizontal simple o compleja requieren el consentimiento expreso de los propietarios afectados».

Es preciso diferenciar la modificación de la cuota de participación de la modificación de la forma de contribución de los gastos comunes. En este úl-timo caso estamos ante un supuesto de modificación del título constitutivo, por lo que, conforme el artículo 553-26.2 del CCCat, es suficiente con que se apruebe con el voto favorable de las cuatro quintas partes de los propie-tarios con derecho al voto, que tienen que representar al mismo tiempo las cuatro quintas partes de las cuotas de participación —en este punto la ley catalana difiere de la LPH que exige unanimidad—. Sobre esta distinción se ha pronunciado la **SAP de Barcelona n.º 662/2021, de 7 de diciembre, ECLI:ES:APB:2021:15217**:

> «Por tanto, **mientras que para la modificación o determinación de las cuotas de participación previstas en el título constitutivo se requiere unanimidad, para la determinación o modificación del sistema para re-partir los gastos, sin alterar los coeficientes o cuota de participación, no es necesaria la unanimidad.** La contribución a los gastos conforme al coeficiente previsto en el título de constitución (art. 553.3.1.c del CCC) no es una regla absoluta, pudiéndose modificar la forma de contribuir a los gastos. Así lo expresa también la sentencia de la AP de Barcelona de 18/6/14 (Secc. 13) cuando dice: "...Centrada así la cuestión discutida, es doctrina constante, uniforme, y reiterada (Sentencia de la Sección 1.ª, de 30 de marzo de 2009, de la Sección 19.ª, de 17 de junio de 2009, de esta misma Sección 13.ª, de 28 de abril de 2010, de la Sección 11.ª, de 28 de ju-nio de 2011, de la Sección 16.ª, de 22 de julio de 2011, o de la Sección 17.ª, de 22 de septiembre de 2011, de la Audiencia Provincial de Barcelona; ROJ SAP B 2686 y 7378/2009, 5342/2010, 6956, 6755, y 11024/2011), que la contribución a los gastos conforme al coeficiente previsto en el título de constitución no es una regla absoluta, pudiendo distinguirse en el régimen jurídico de la propiedad horizontal del Código Civil de Cataluña, entre:

1.- la determinación, o la modificación, de las cuotas de participación previstas en el título de constitución: para lo que se requiere la unanimidad, según lo exigido en el artículo 553.3.4 del Código Civil de Cataluña.

2.- la determinación, o la modificación, de la forma de contribuir a los gastos comunes, o del sistema de repartir los gastos, sin alterar la cuota prevista en el título de constitución: para lo que basta el acuerdo de la junta de propietarios, según lo previsto en el artículo 553.3.1.c) del Código Civil de Cataluña, según el cual la cuota de participación establece la distribución de los gastos y el reparto de los ingresos, "salvo pacto en contrario".

En cuanto a las mayorías que son necesarias para el acuerdo de modificación del sistema de contribución a los gastos comunes, a su vez, es necesario distinguir entre:

2.1.- el acuerdo que consiste en adoptar el régimen de distribución por cuotas del título constitutivo: basta la mayoría simple del artículo 553.25.5 del Código Civil de Cataluña, por cuanto no supone ninguna modificación del título constitutivo.

2.2.- el acuerdo que consiste en adoptar un régimen distinto de la distribución por cuotas del título constitutivo: es necesaria la mayoría reforzada del artículo 553.25.2 del Código Civil de Cataluña, según el cual es preciso el voto favorable de las cuatro quintas partes de los propietarios, que deben representar las cuatro quintas partes de las cuotas de participación, para adoptar acuerdos de modificación del título de constitución y de los estatutos, salvo que el título establezca otra cosa.

Por lo tanto, para la adopción de un acuerdo que consiste en el reparto de los gastos entre los copropietarios de modo distinto al previsto en el título constitutivo, basta la mayoría reforzada del artículo 553.25.2 del Código Civil de Cataluña, y no es necesaria la unanimidad, a diferencia de lo exigido en el ámbito de aplicación del derecho español por el artículo 17.1.ª de la Ley 49/1960, de 21 de julio (RCL 1960, 1042), sobre Propiedad Horizontal, en la redacción de la Ley 8/1999, de 6 de abril"».

> **A TENER EN CUENTA.** La Ley de Propiedad Horizontal establece en el art. 17.6 que «Los acuerdos no regulados expresamente en este artículo, que impliquen la aprobación o modificación de las reglas contenidas en el título constitutivo de la propiedad horizontal o en los estatutos de la comunidad, requerirán para su validez la unanimidad del total de los propietarios que, a su vez, representen el total de las cuotas de participación».

La cuota de participación determina y concreta la participación que corresponde a los titulares de los elementos privativos en las cargas, los beneficios, la gestión y el gobierno de la comunidad, así como los derechos de los propietarios en caso de extinción del régimen. La cuota de participación también determina la contribución a los gastos de la comunidad, sin perjuicio de que mediante acuerdo se puedan fijar especialidades, tal y como reconoce la **sentencia de la Audiencia Provincial de Barcelona n.º 6/2021, de 15 de enero, ECLI:ES:APB:2021:98**, «Los propietarios de un edificio en régimen de propiedad horizontal deben sufragar los gastos comunes en proporción a su cuota de participación, de acuerdo con las especialidades fijadas por el título de constitución y los estatutos, y los sucesivos acuerdos anuales que han aprobado los presupuestos de la comunidad, y la consiguiente cuota a cargo de cada copropietario, han sido adoptados válidamente por la junta de propietarios, pues no consta lo contrario, y son ejecutivos inmediatamente (art. 553.29 CCC), y ni siquiera su impugnación judicial suspende la ejecutabilidad de los mismos, salvo que cautelarmente se acuerde por la autoridad judicial (art. 553. 32 CCC)».

CUESTIÓN

Un comunero demanda a la comunidad de propietarios para impugnar un acuerdo. ¿Son gastos generales los gastos judiciales que tiene que asumir la comunidad mientras está pendiente el proceso? ¿El comunero que demandó tiene que pagarlos?

Los gastos judiciales que nacen de la defensa de la comunidad no son gastos generales y en consecuencia el disidente que litigue contra la comunidad no debe contribuir a las mismas en tanto no quede resuelta definitivamente la situación, y se esté a lo que el tribunal establezca en materia de costas. Así se reconoce en la STSJ de Cataluña n.° 42/2011, de 28 de septiembre, ECLI:ES:TSJCAT:2011:9600:

«(...) cuando un propietario disidente litigue contra la comunidad de propietarios por la impugnación de acuerdos de la junta, cual acontece en el presente caso, los gastos de defensa satisfechos por la comunidad (abogado, procurador, etc...), no pueden conceptuarse gastos generales —ni siquiera, a diferencia de lo argumentado por el Tribunal de apelación, con carácter provisional—, a abonar también por el disidente, pues a cada parte litigante le corresponde pagar sus propios gastos y si la demandada es la Comunidad de Propietarios, como acontece en el caso de autos, obviamente, ha de excluirse a la demandante del abono de los mismos, pues se daría el contrasentido que, al imputar tales gastos de la comunidad a todos los copropietarios, el comunero disidente los abonaría por duplicado. En tales casos, la repercusión de los gastos judiciales sólo es posible cuando se producen en litigios con terceros, esto es, con personas que no forman parte de la concreta Comunidad de Propietarios, pero no en pleitos entre ésta y alguno o algunos de sus miembros.

En definitiva, cada parte litigante debe satisfacer sus propios gastos para comparecer en la litis, siendo como son claramente susceptibles de individualización, y de ahí, que mientras dure el proceso, no pueden éstos reputarse gastos comunes incardinables en el artículo 553-45.1 CCC. Una vez recaiga sentencia definitiva deberá procederse a su liquidación, acorde con los pronunciamientos recaídos en materia de costas procesales».

¿En qué consiste el fondo de reserva de la comunidad de propietarios?

El artículo 553-6 del CCCat prevé la creación de un fondo de reserva que deberá establecerse en el presupuesto de la comunidad, cuya titularidad corresponde a todos los propietarios y que quedará afectado a la misma sin que ningún propietario pueda reclamar su devolución en el caso de que enajene el bien privativo de su titularidad. A diferencia de la LPH que fija que el fondo de reserva no podrá ser inferior al 10 % de su último presupuesto ordinario, el Código Civil de Cataluña establece que no podrá ser inferior al 5 % de los gastos comunes. La finalidad del fondo de reserva es la de evitar situaciones de iliquidez en la comunidad y así lo ha señalado la **SAP de Barcelona n.º 39/2020, de 5 de febrero, ECLI:ES:APB:2020:547**, «El fondo de reserva cumple la **función de evitar situaciones de iliquidez de las Comunidades de Propietarios** a fin de hacer frente a gastos imprevistos de carácter urgente, pero también, siempre que la Junta lo autorice, a las obras extraordinarias de conservación, reparación etc.».

El CCCat es mucho más riguroso que la LPH en relación a la regulación de la gestión del fondo de reserva, prevé que el mismo debe depositarse en una cuenta bancaria independiente a nombre de la comunidad de propietarios, y del mismo debe llevarse una contabilidad separada. El artículo 553-6.3 del CCCat establece que para poder disponer de este dinero es necesario que los administradores tengan autorización de la presidencia o de la junta de propietarios, en función del gasto que se pretenda cubrir, así:

- Se requerirá **autorización de la presidencia** para atender gastos de la comunidad imprevistos de carácter urgente.

- Será necesaria **autorización de la junta** de propietarios para hacer frente a las obras extraordinarias de conservación, reparación, rehabilitación, instalación de nuevos servicios comunes y seguridad, así como para las que sean exigibles de acuerdo con las normativas especiales.

> **A TENER EN CUENTA.** La previsión de que se lleve una contabilidad separada del fondo de reserva se introduce con la reforma operada por la Ley 5/2015, de 13 de mayo, la redacción original solo establecía el depósito en una cuenta especial. Así mismo, se modificó los supuestos en los que se requiere autorización de la junta de propietarios para disponer del fondo de reserva, ya que originariamente solo se establecía esta previsión para contratar un seguro.

CUESTIÓN

¿Qué ocurre si no se hace uso de la totalidad del fondo de reserva?

Si dentro del año no ha sido necesario emplear todo el fondo de reserva, el remanente se acumulará en el fondo del año siguiente (art. 553-6.4 del CCCat).

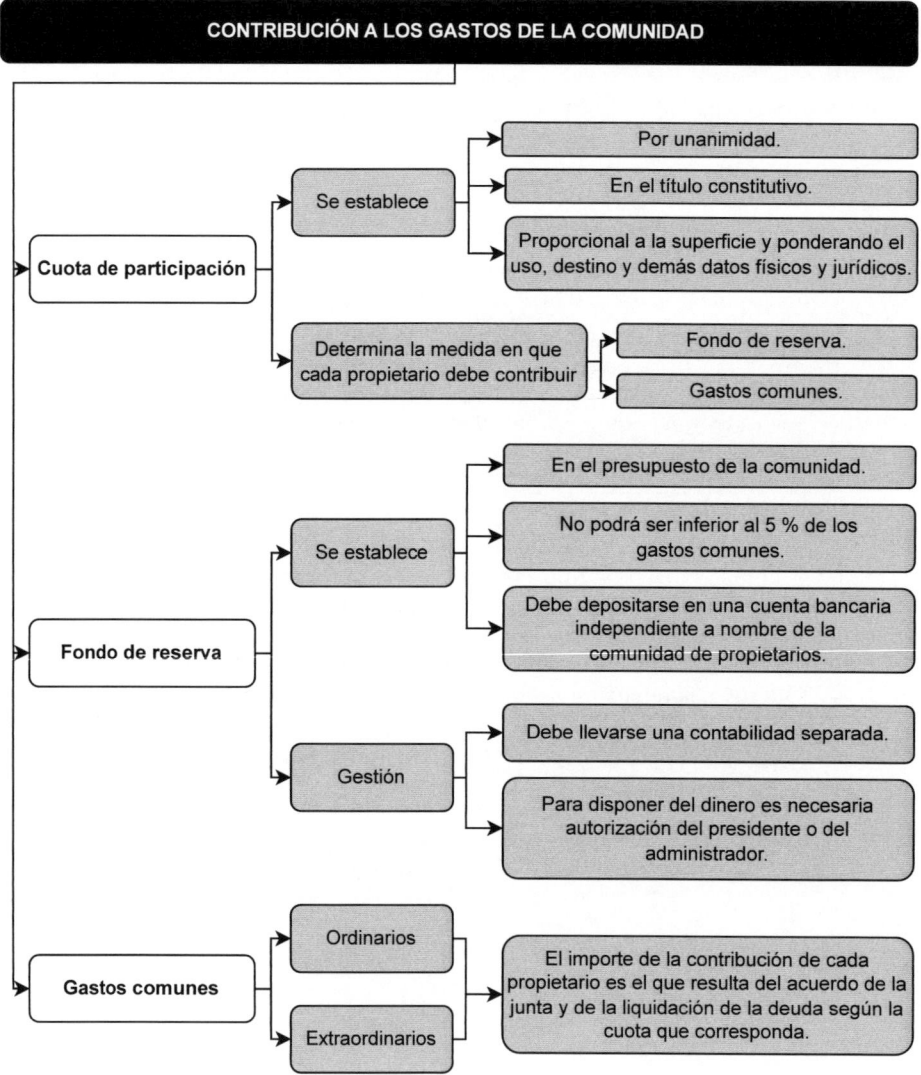

CONTRIBUCIÓN A LOS GASTOS DE LA COMUNIDAD

Cuota de participación
- Se establece
  - Por unanimidad.
  - En el título constitutivo.
  - Proporcional a la superficie y ponderando el uso, destino y demás datos físicos y jurídicos.
- Determina la medida en que cada propietario debe contribuir
  - Fondo de reserva.
  - Gastos comunes.

Fondo de reserva
- Se establece
  - En el presupuesto de la comunidad.
  - No podrá ser inferior al 5 % de los gastos comunes.
  - Debe depositarse en una cuenta bancaria independiente a nombre de la comunidad de propietarios.
- Gestión
  - Debe llevarse una contabilidad separada.
  - Para disponer del dinero es necesaria autorización del presidente o del administrador.

Gastos comunes
- Ordinarios
- Extraordinarios
  - El importe de la contribución de cada propietario es el que resulta del acuerdo de la junta y de la liquidación de la deuda según la cuota que corresponda.

Créditos y deudas de la comunidad de propietarios

Conforme el artículo 553-4.1 del CCCat, «Todos los propietarios son titulares mancomunados, tanto de los créditos constituidos a favor de la comunidad como de las deudas contraídas válidamente en su gestión, de acuerdo con las respectivas cuotas de participación». La responsabilidad de los propietarios en relación con las deudas y créditos de la comunidad es una responsabilidad mancomunada de acuerdo con la cuota de participación de cada uno de ellos.

La responsabilidad que establece el artículo 553-4.1 del CCCat respecto de las deudas contraídas por la comunidad, no debe entenderse desde la perspectiva de que un copropietario deba hacerse cargo directamente del pago de los débitos comunitarios, sino que para que esto sea posible la ley exige una serie de requisitos de procedibilidad. En primer lugar, es necesario que conste la existencia de un crédito contra la comunidad, en caso de que su existencia sea discutida deberá demandarse a la comunidad siendo los bienes de la comunidad los primeros contra los que debe procederse. La acción también puede dirigirse contra los copropietarios, pero para ello deberán ser demandados conjuntamente con la comunidad o posteriormente y además haber sido requeridos individualmente de pago previamente. En este sentido se ha manifestado la **STSJ de Cataluña n.º 59/2012, de 15 de octubre, ECLI:ES:TSJCAT:2012:10900**:

> «No se trata tanto de que los propietarios no deban responder de las deudas de las comunidades en las que están integrados, sino de que para hacerlo la Ley exige una serie de **requisitos de procedibilidad** que no se dan en el presente caso.
>
> De este modo resulta necesario conforme a lo que se viene razonando: a) que **conste la existencia de un crédito** contra la comunidad, lo que hace preciso demandar a ésta cuando su propia existencia, como ocurre en el presente caso, es objeto de controversia, siendo los bienes propios de la comunidad (fondo de reserva y créditos y elementos privativos de beneficio común) los primeros contra los que debe procederse; b) puede dirigirse también la acción contra los diferentes copropietarios pero para ello deberán ser **demandados bien conjuntamente** con la comunidad, bien **posteriormente** y además **haber sido requeridos de pago previamente**.
>
> El requerimiento de pago tiene sentido en estos casos para que los comuneros puedan adquirir información de los entes gestores, comprobar los pagos realizados, y en su caso proceder a satisfacer extrajudicialmente el débito evitando las consecuencias perjudiciales del proceso».

También se ha recogido por la jurisprudencia menor en aplicación de la jurisprudencia establecida por el Tribunal Superior de Justicia de Cataluña que los bienes de los propietarios solo responderán de manera subsidiaria de las deudas de la comunidad, cuando la comunidad no disponga de bienes propios para hacerles frente, y ello en aplicación del artículo 553-46 del CCCat. A esta subsidiariedad se refiere la **SAP de Lleida n.º 228/2022, de 24 de marzo, ECLI:ES:APL:2022:353**:

> «(...) Se parte de la base de que es la Comunidad la que contrae la deuda y que del mismo modo, es la Comunidad la que debe hacerse cargo **en primer lugar de su pago con sus propios fondos**.

En la legislación catalana en la que se regulan ex novo los **elementos privativos de beneficio común** (artículo 553-34) estos **responden a continuación de las deudas de la Comunidad** aunque incomprensiblemente se prevea que para ello deba demandarse a todos los propietarios y ser requeridos de pago.

En último lugar, puede procederse contra los bienes de todos los propietarios pero teniendo en cuenta que los elementos privativos solo pueden embargarse por deudas de la comunidad si a los primeros se les requiere el pago y se los demanda personalmente. I afegeix més endavant que: "Es cierto que el propietario no es un ente ajeno a la comunidad como también lo es que un reglado y ordenado régimen jurídico no soporta que los acreedores se dirijan directamente contra los copropietarios siquiera sea por sus coeficientes, prescindiendo de toda la estructura que, precisamente para la mejor defensa de los intereses de todas las partes implicadas (comunidad y terceros desde el punto de vista de las relaciones externas y comunidad y comuneros entre sí en las internas), ha previsto la Ley para el desenvolvimiento en la vida jurídica de esta clase de comunidades"».

A TENER EN CUENTA. Con la reforma que introdujo la Ley 5/2015, de 13 de mayo, se modifica el art. 553-46 del CCCat y se elimina la necesidad de requerir de pago y demandar personalmente a los propietarios para poder embargar los elementos privativos de beneficio común, facilitando así el proceso de cobro de los acreedores de la comunidad.

CUESTIÓN

Una comunidad de propietarios tiene una deuda con una empresa de reformas por unas obras en el edificio, el empresario ha demandado a la comunidad de propietarios. ¿Con qué bienes responde? ¿Podría ir contra los bienes privativos?

En este caso como solo se ha demandado a la comunidad la misma responderá de la deuda con los créditos y fondos comunes de la comunidad y los elementos privativos de beneficio común. Para poder proceder contra los bienes privativos es necesario requerir de pago a los propietarios y demandarlos personalmente (art. 553-46 del CCCat).

Como ya hemos hecho referencia, el importe de la contribución de cada propietario a los gastos, comunes, ordinarios y extraordinarios, se establecerá en función de la cuota de participación que se haya fijado para cada uno de ellos, sin perjuicio de las especialidades que se puedan establecer en el título constitutivo. El artículo 553-4.2 del CCCat establece «El importe de la contribución de cada propietario a los gastos comunes, ordinarios y extraordinarios, y al fondo de reserva es el que resulta del acuerdo de la junta y de la liquidación de la deuda según la cuota que corresponda». Esto implica que para que la deuda sea exigible al propietario es necesario un acuerdo de la junta en el que se liquide la deuda. Esta previsión es importante con relación a lo dispuesto en el artículo 553-4.4 del CCCat que establece que los créditos devengan intereses desde el momento en que debe efectuarse el pago correspondiente. En relación con la exigibilidad de la deuda y la necesidad de liquidación de la misma se ha pronunciado la **SAP de Barcelona n.° 454/2018, de 17 de septiembre, ECLI:ES:APB:2018:7861:**

> «Por tanto, no actuando en representación de dicha junta de propietarios, **ni acreditada tampoco la existencia de ningún acuerdo comunitario que liquidase** tal supuesta deuda, es obvio que el recurso debe prosperar, ante la concurrencia de esa excepción perentoria de examen previo, la falta de legitimación activa ligada inexorablemente a una **deuda no líquida, vencida ni exigible,** como argumenta a continuación el apelante, en cuanto la actora en ningún momento rindió las cuentas por las que reclamaba, ni distinguió entre ejercicios ni entre cuotas ordinarias ni extraordinarias, ni en ningún otro sentido, a pesar de tener a su cargo la probanza de los hechos de los que ordinariamente se desprendería el buen fundamento de su pretensión, conforme a lo establecido en el art. 217.2 de la Ley de Enjuiciamiento Civil».

A TENER EN CUENTA. El Código Civil de Cataluña tras la reforma operada por la Ley 5/2015, de 13 de mayo, de modificación del libro quinto del Código Civil de Cataluña, incorpora en el apartado 3 del artículo 553-4 del CCCat la preferencia de cobro sobre el elemento privativo de los créditos de la comunidad contra los propietarios por los gastos comunes, ordinarios y extraordinarios, y por el fondo de reserva correspondientes a la parte vencida del año en curso y a los cuatro años inmediatamente anteriores.

El apartado 5 del CCCat recoge la **afección real de los elementos privativos** y establece «Los elementos privativos están afectados con carácter real y responden del pago de los importes que deben los titulares, así como los anteriores titulares, por razón de los gastos comunes, ordinarios o extraordinarios, y por el fondo de reserva, que correspondan a la parte vencida del año en curso y a los cuatro años inmediatamente anteriores, contados del 1 de enero al 31 de diciembre, sin perjuicio, si procede, de la responsabilidad de quien transmite».

La propia ley recoge la obligación de que cuando se transmite un elemento privativo los transmitentes deben declarar estar al corriente de pago. En el supuesto de que exista una deuda pendiente deben especificar la misma. Para ello deben aportar un certificado, expedido por quien ejerce la secretaría, en el que además de las posibles deudas pendientes, deben hacerse constar los gastos y aportaciones al fondo de reserva que están aprobados pero pendientes de vencimiento. Este certificado requiere el visto bueno del presidente, salvo en el caso de que la secretaría sea ejercida por un administrador profesional. En el caso de que el transmitente no aporte este certificado no puede otorgarse la escritura pública, salvo que las partes renuncien expresamente a ella. En cualquier caso, sin perjuicio de la afección del bien privativo en relación con las deudas, el transmitente responde personalmente de la deuda que tiene con la comunidad en el momento de la transmisión. También se establece la obligación de que cuando se enajena un elemento privativo la persona que realiza la transmisión debe comunicar el cambio de titularidad a la secretaría de la comunidad, mientras esa comunicación no se realice responde solidariamente de las deudas con la comunidad (art. 553-37 CCCat).

Los tribunales se han pronunciado con relación a la responsabilidad para el pago de las deudas contraídas con anterioridad a la transmisión del bien y señalan que, si bien la ley establece que el obligado al pago es el transmitente, derivado de la previsión de afección real del bien privativo, el adquiriente podrá verse obligado a hacerse cargo de la deuda, sin perjuicio de repetir lo satisfecho frente al titular. Así lo ha recogido la sentencia de la Audiencia Provincial de Girona n.º 401/2019, de 22 de octubre, ECLI:ES:APGI:2019:1555:

> «El **privilegio crediticio derivado de la afección real del inmueble** es un gravamen preferente ante el que no pueden prevalecer los derechos reales ni derechos de crédito, de manera que una vez inscrita en el Registro el régimen de propiedad horizontal, ya consta la carga de esa afección real, la cual no debe verse menoscabada por otros gravámenes frente a los que tiene carácter preferente.
>
> La regulación establecida en el art 553-4 y 5 del CCCat, a partir de la entrada en vigor de la Llei 5/2015, conducen sin ningún género de dudas a la decisión del órgano "a quo", pues la exigencia de la declaración de pagos pendientes y certificación de deudas, constituyen una obligación legal que enerva la alegación de tercero de buena fe del comprador, en virtud de la afección real del elemento privativo que establece el primer párrafo del art 553-5 CCCat.
>
> Es decir, que en la relación interna entre transmitente y adquiriente del inmueble, la titularidad de la deuda es de la persona propietaria civilmente del mismo y la fecha de trasmisión determinará el momento en que el adquiriente asumirá la obligación de pago de los gastos comunitarios, tal y como se desprende del art 553-4 del CCCat.
>
> Pero como consecuencia de la afección real sobre la finca, que establece el art 553-5, el adquiriente podrá verse obligado a hacerse cargo de las cuotas impagadas anteriores a la adquisición del inmueble, devengadas en el periodo que el precepto dispone, sin perjuicio de repetir en su caso lo satisfecho, contra quien era titular cuando dichos gastos se generaron.
>
> Lo expuesto es coincidente con los razonamientos de la sentencia apelada, la cual se ajusta a lo dispuesto en los preceptos que aplica, siendo todo ello admitido por la Sala que en su consecuencia ha de confirmar la sentencia apelada con rechazo del recurso de apelación sin otras consideraciones».

CUESTIÓN

En el caso de que compre un piso en el que el anterior propietario le debe a la comunidad el pago de unos gastos, ¿pueden exigirme que pague esas deudas?

Sí, aunque el titular de la deuda es el antiguo propietario, la comunidad puede reclamar el pago al nuevo propietario porque la ley establece una carga real sobre el inmueble —afección real—. Ahora bien, si el nuevo propietario paga la deuda puede reclamarle lo satisfecho al antiguo propietario en tanto que deudor.

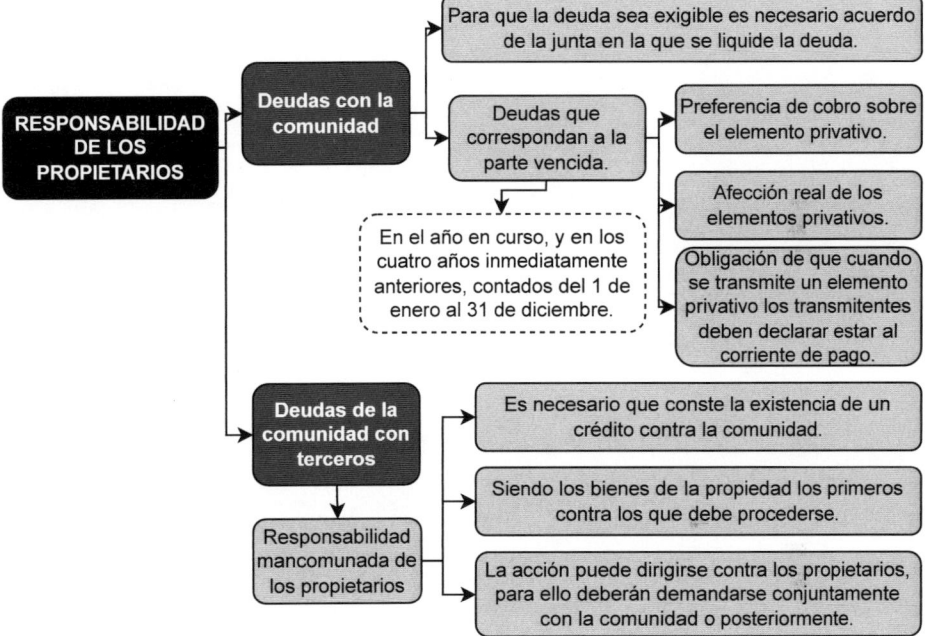

3.
CONSTITUCIÓN DE LA COMUNIDAD DE PROPIETARIOS

Aun cuando no se hubiere otorgado el título constitutivo, es obligatorio someterse al régimen de propiedad horizontal, tal como declara el artículo 2.b) de la LPH: «A las comunidades que reúnan los requisitos establecidos en el artículo 396 del Código Civil y no hubiesen otorgado el título constitutivo de la propiedad horizontal».

En sentido análogo, declara el artículo 551-2.2 CCCat que «La comunidad en régimen de propiedad horizontal se rige por el título de constitución, que debe adecuarse a lo establecido por el capítulo III. Las situaciones de comunidad que cumplen los requisitos de la propiedad horizontal y no se hayan configurado de acuerdo con lo establecido por el capítulo III se rigen por los pactos establecidos entre los copropietarios, por las normas de la comunidad ordinaria y, si procede, por las disposiciones del capítulo III que sean adecuadas a las circunstancias del caso».

3.1. Título constitutivo

Si alguno de los propietarios enajenase un bien privativo, en el momento de realizar la escritura pública, deberá reseñar el título constitutivo e incorporar a ella los estatutos y demás normas de la comunidad.

> **A TENER EN CUENTA.** Antes de la reforma llevada a cabo por la Ley 5/2015, de 13 de mayo, no era obligatorio reseñar en la escritura pública el título constitutivo, ni incorporar los estatutos y demás normas de la comunidad.

En el caso del promotor, si este ha transmitido una cuota indivisa del inmueble, no puede hacer uso de la facultad que le concede el artículo 552-11.4 CCCat —exigir la adjudicación de la totalidad del bien objeto de la comunidad pagando en metálico el valor pericial de la participación de los demás cotitulares—. En este caso, cualquier adquiriente puede exigir el otorgamiento inmediato del título de constitución de acuerdo con el proyecto por el que se ha obtenido la licencia correspondiente.

El título constitutivo deberá inscribirse en el registro de la propiedad por medio de una inscripción general para el inmueble y de tantos folios como fincas privativas existan.

Como requisito para poder otorgar el título constitutivo, el artículo 553-9.3 del CCCat exige que en la misma escritura o en otra previa se declare la obra nueva de acuerdo con lo establecido por la legislación hipotecaria y las demás normas que sean de aplicación.

> **A TENER EN CUENTA.** Para la declaración de obra nueva, según el artículo 28 del Real Decreto Legislativo 7/2015, de 30 de octubre, por el que se aprueba el texto refundido de la Ley de Suelo y Rehabilitación Urbana, los notarios exigirán la aportación del acto de conformidad, aprobación o autorización administrativa que requiera la obra según la legislación de ordenación territorial y urbanística —licencia municipal de obras—, así como certificación expedida por técnico competente y acreditativa del ajuste de la descripción de la obra al proyecto. Si la obra estuviera terminada se exigirá también la certificación expedida por técnico competente acreditativa de la finalización de esta conforme al proyecto.

Además, conforme al artículo 187.1.k) del Decreto Legislativo 1/2010, de 3 de agosto, por el que se aprueba el Texto refundido de la Ley de urbanismo de Cataluña, está sujeto a licencia urbanística la constitución o modificación de un régimen de propiedad horizontal, simple o compleja. Por lo que se refiere a la licencia de primera ocupación, en caso de que el edificio esté terminado, señalar que en el régimen catalán solo está sujeto a licencia la primera utilización y ocupación parcial de los edificios, en caso de que la ocupación sea total, únicamente se exige comunicación previa, conforme a lo establecido en el artículo 187 bis.b) del Decreto Legislativo 1/2010, de 3 de agosto.

3.1.1. Contenido del título constitutivo

El título constitutivo debe constar en escritura pública y el artículo 553-9 del CCCat establece el contenido mínimo que debe incluir:

- La descripción del inmueble con los elementos, instalaciones y servicios comunes de que dispone. El artículo señala que esto debe hacerse esté acabado el inmueble o no, de lo que se deduce que el régimen de propiedad horizontal puede constituirse antes de que finalice la construcción del inmueble.
- La descripción de todos los elementos privativos, con el correspondiente número de orden interno en el inmueble, la cuota general de participación y, si procede, las especiales que les corresponden, así como la superficie útil, la situación, los límites, la planta, el destino y, si procede, los espacios físicos o los derechos que constituyan sus anexos o vinculaciones.
- Un plano descriptivo del inmueble.
- Los estatutos, si existen.

- Las reservas de derechos o facultades, si existen, establecidas a favor del promotor o de los constituyentes del régimen.
- La previsión, si procede, de formación de subcomunidades.

La ley limita el contenido de las cláusulas que el constituyente puede establecer. En este sentido, declara la nulidad de las estipulaciones que se recojan en el título de constitución o en cualquier otro documento, que impliquen una reserva de la facultad de modificación unilateral del título constitutivo a favor del constituyente o que le permitan decidir en el futuro asuntos que deban someterse a la aprobación de la junta de propietarios (art. 553-9.5 del CCCat), por ser la facultad decisoria de la junta indelegable.

A TENER EN CUENTA. La Ley 5/2015, de 13 de mayo, amplía el contenido mínimo del título constitutivo estableciendo como obligatorias las cláusulas que la redacción original establecía como dispositivas. Así mismo introduce la limitación recogida en el 553-9.5 del CCCat.

El Código Civil de Cataluña regula la posibilidad de establecer una reserva expresa del derecho para sobreelevar, subedificar o edificar en el mismo solar del inmueble a favor de los constituyentes o de terceras personas. Para que esta constitución o reserva sea válida deberá establecerse mediante una cláusula específica en el título constitutivo tal y como recoge el artículo 553-13 del CCCat.

La cláusula que determina el derecho de vuelo debe tener el contenido que se prevé en el 567-2 del CCCat.

Artículo 567-2 del CCCat

«1. El derecho de vuelo debe constar necesariamente en escritura pública, que debe contener, al menos, los siguientes datos:

a) El número máximo de plantas, edificios, si procede, y elementos privativos que pueden construirse, de acuerdo con la normativa urbanística y de la propiedad horizontal vigentes en el momento de constituirse el derecho.

b) Los criterios que deben aplicarse en la determinación de las cuotas de participación que corresponden a los elementos privativos situados en las plantas o edificios nuevos y las que corresponden a los situados en las plantas o edificios preexistentes, que deben garantizar la proporcionalidad adecuada entre todas.

c) El plazo para ejercerlo, que no puede superar en ningún caso, sumándole las prórrogas, los treinta años.

d) El precio o contraprestación que, si procede, debe satisfacer la persona que adquiere el derecho, o bien la forma en que se valora este si se reserva.

2. El título de constitución del derecho de vuelo puede incluir los siguientes contenidos:

a) Las normas de comunidad o de propiedad horizontal por las que debe regirse el edificio una vez se ha ejercido.

b) La limitación de la disponibilidad del derecho de vuelo.

c) La facultad de los titulares del derecho de vuelo de establecer o modificar el régimen de propiedad horizontal, de modificar la descripción del edificio preexistente y de fijar o redistribuir las cuotas de participación sin el consentimiento de los concedentes.

d) Los demás pactos lícitos que se consideren convenientes.

3. La constitución del derecho de vuelo y sus modificaciones pueden oponerse a terceras personas de buena fe desde que se efectúa su inscripción en el Registro de la Propiedad en la forma y con los efectos establecidos por la legislación hipotecaria o desde que las terceras personas han tenido conocimiento de las mismas».

Este derecho supone que sus titulares están facultados para edificar a su cargo de acuerdo con el título de constitución del derecho, para hacer suyos los elementos privativos que sean resultado del ejercicio del derecho y para otorgar las correspondientes declaraciones o ampliaciones de obra nueva y, si se ha previsto al constituir el régimen o el derecho, la modificación de la división horizontal. El ejercicio sucesivo del derecho puede conllevar la redistribución de las cuotas de participación, que llevan a cabo los titulares de los derechos sin necesidad del consentimiento de la junta de propietarios, siempre que así se haya previsto expresamente en el título constitutivo.

La jurisprudencia ha reconocido la posibilidad de establecer esta reserva incluso por parte del promotor o del propietario único en el título constitutivo o en los estatutos. Así mismo señala la importancia de determinar claramente las condiciones del ejercicio del derecho, por cuanto afecta a terceros. En este sentido se manifiesta la **sentencia del Tribunal Supremo n.º 389/2009, de 27 de mayo, ECLI:ES:TS:2009:3564**:

«(...) La posibilidad de que en el momento de la formación de la propiedad horizontal el Promotor o el propietario inicial del edificio **se reserven en el título constitutivo** o en los Estatutos del mismo ciertos elementos en principio comunes de la finca para su construcción posterior, como es **el suelo y el vuelo, es algo admitido en la doctrina y en la jurisprudencia,** con alguna excepción, como la contenida en la sentencia de 10 de mayo de 1999. Su regulación aparece en el artículo 16.2 del Reglamento Hipotecario, única norma dedicada al derecho de sobreelevación (si bien tiene como finalidad la fijación de su contenido a efectos de su publicidad en el Registro de la Propiedad), junto con la Ley 5/2006, de 10 de mayo, del Libro Quinto del Código Civil de Cataluña, relativo a derechos reales, cuyo artículo 553-13 reconoce la validez de la constitución o la reserva expresa del derecho a sobreelevar, subedificar o edificar en el mismo solar del edificio a favor de los promotores o de terceras personas siempre que se establezca en el título de constitución en cláusula separada y específica de acuerdo con el artículo 567.2 (número máximo de plantas; cuotas de participación; plazo para su ejercicio; precio o contraprestación, si procede...). **Su inclusión en el título constitutivo o en los Estatutos hace innecesario adoptar acuerdo alguno de la Comunidad de Propietarios que facilite su ejercicio posterior** por parte del titular del derecho puesto que no se modifica el Título, desde el momento en que la facultad de llevarla a término —por sí solo— está claramente atribuida en el mismo.

Ahora bien, este no es realmente el problema que plantea la reserva (al margen de la conveniencia de su limitación o, en su caso, de una adecuada regulación). Lo esencial de este derecho radica en los requisitos que impone su especial naturaleza para que produzca el efecto jurídico real pues una cosa es que la voluntad del Promotor o propietario único sirva para organizar el régimen jurídico propio de un inmueble sujeto al régimen de la Propiedad Horizontal, y otra distinta la creación de un derecho real de características propias, como es el que resulta de la reserva, que trasciende a quienes, con la compra posterior, van a ser a ser sus nuevos propietarios. La naturaleza misma del derecho, limitativo del dominio, consistente en la facultad de levantar nuevas construcciones en el edificio, excluye que pueda configurarse con absoluta generalidad. La actuación unilateral del Promotor o del propietario único o los pactos acerca del modo de construir, duración y demás requisitos que impone el artículo 16.2 del Reglamento Hipotecario forman el contenido real del derecho, por lo que tienen eficacia frente a terceros, que deben tener conocimiento de la exacta determinación de su naturaleza y extensión que, por otra parte, se inscribe en el Registro de la Propiedad, cumplidos los requisitos dimanantes de los principios de especialidad, cuya eficacia resulta determinante en todo el ámbito de los derechos reales (...)».

3.1.2. Modificación del título constitutivo

Para modificar el título de constitución es necesario el acuerdo de la junta de propietarios que conforme al artículo 553-26.2 del CCCat deberá aprobarlo con el voto favorable de las cuatro quintas partes de los propietarios con derecho al voto, que tienen que representar al mismo tiempo las cuatro quintas partes de las cuotas de participación. Además, es preciso que la escritura observe los requisitos del artículo 553-9 del CCCat que sean de aplicación en función de la modificación que se realice.

En los casos de modificaciones que no precisen acuerdo de la junta de propietarios, los responsables de formalizarlas serán los titulares de los derechos o propietarios de los bienes privativos a los que afecte. Esta obligación deriva de lo previsto en el artículo 553-10.2 del CCCat.

Artículo 553-10.2 del CCCat

«2. No es preciso el acuerdo de la junta de propietarios para la modificación del título de constitución si la motivan los siguientes hechos:

a) El ejercicio de un derecho de vuelo, sobreelevación, subedificación y edificación si se ha previsto así al constituir el régimen o el derecho.

b) Las agrupaciones, agregaciones, segregaciones y divisiones de los elementos privativos o las desvinculaciones de anexos, si los estatutos así lo establecen.

c) Las alteraciones del destino de los elementos privativos, salvo que los estatutos las prohíban expresamente.

d) La ejecución de actuaciones ordenadas por la Administración pública de conformidad con la legislación vigente en materia urbanística, de habitabilidad, de accesibilidad y sobre rehabilitación, regeneración y renovación urbanas».

En relación con las modificaciones del título constitutivo se ha manifestado el Tribunal Superior de Justicia de Cataluña, indicando que para poder establecer prohibiciones o limitaciones de uso es necesario que conste de manera expresa y que deben inscribirse en el Registro de la Propiedad para que tenga efectos frente terceros.

RESOLUCIÓN RELEVANTE

STSJ de Cataluña n.º 23/2011, de 3 de junio, ECLI:ES:TSJCAT:2011:6914

«Más reciente es todavía la Sentencia de STS 30-12-2010 Ponente Sr. Xiol Rios, que con cita de otras anteriores y en un caso prácticamente igual al presente —cambio de uso de local-despacho, a vivienda y no por tanto de usos comerciales— reitera que las limitaciones o prohibiciones referidas al cambio del uso del inmueble exigen para que sean eficaces que consten de forma expresa. Recuerda la Sala Primera del Tribunal Supremo que el derecho a la propiedad privada constituye un derecho constitucionalmente reconocido (artículo 33 CE), y que si bien tiene una indudable función social, sus limitaciones deben hallarse establecidas legal o convencionalmente debiendo ser interpretadas de un modo restrictivo.

Textualmente se afirma que: "En el ámbito de la propiedad horizontal, resulta posible, el establecimiento de limitaciones o prohibiciones que en general atienden al interés general de la comunidad. Estas prohibiciones referidas a la realización de determinadas actividades o al cambio de uso del inmueble, deben constar de manera expresa, y a fin de tener eficacia frente a terceros deben aparecer inscritas en el Registro de la Propiedad.

La doctrina de esta Sala es prácticamente unánime (SSTS 23 de febrero de 2006, 120 de octubre de 2008, entre otras) al considerar que la mera descripción del inmueble no supone una limitación del uso o de las facultades dominicales. Para que las prohibiciones o limitaciones resulten eficaces, resulta imprescindible que una cláusula o regla precisa así lo establezca. Los copropietarios no pueden verse privados de la utilización de su derecho a la propiedad como consideren más adecuado, a no ser que este uso no esté legalmente prohibido o que el cambio de destino aparezca expresamente limitado por el régimen de dicha propiedad horizontal, su título constitutivo o su regulación estatutaria"».

A TENER EN CUENTA. En esta sentencia no resulta de aplicación el artículo 553.10.2.c de la Ley 5/2006, de 10 de mayo, por cuestiones temporales, pero este artículo no hace más que recoger el sentir de la jurisprudencia comentada.

3.2. Estatutos

La junta de propietarios podrá aprobar unos estatutos —su aprobación no es obligatoria— que recojan el régimen jurídico de la comunidad. El Código Civil de Cataluña no regula un contenido obligatorio de los estatutos, sino que se limita a señalar una serie de reglas que pueden contener en el caso de que se aprueben.

Artículo 553-11 del CCCat

«1. Los estatutos regulan los aspectos referentes al régimen jurídico real de la comunidad y pueden contener reglas sobre las siguientes cuestiones:

a) El destino, uso y aprovechamiento de los elementos privativos y de los elementos comunes.

b) Las limitaciones de uso y demás cargas de los elementos privativos.

c) El ejercicio de los derechos y el cumplimiento de las obligaciones.

d) La aplicación de gastos e ingresos y la distribución de cargas y beneficios.

e) Los órganos de gobierno complementarios de los establecidos por el presente código y sus competencias.

f) La forma de gestión y administración.

2. Son válidas las siguientes cláusulas estatutarias, entre otras:

a) Las que permiten las operaciones de agrupación, agregación, segregación y división de elementos privativos y las de desvinculación de anexos con creación de nuevas entidades sin consentimiento de la junta de propietarios. En este caso, las cuotas de participación de las fincas resultantes se fijan por la suma o la distribución de las cuotas de los elementos privativos afectados.

b) Las que exoneran a determinados propietarios de elementos privativos de la obligación de satisfacer los gastos de conservación de elementos comunes concretos, que pueden incluir las del portal, la escalera, los ascensores, los jardines, las zonas de recreo y demás espacios semejantes.

c) Las que establecen la utilización exclusiva y, si procede, el cierre de una parte del solar, o de las cubiertas o de cualquier otro elemento común o parte determinada de este en favor de algún elemento privativo.

d) Las que permiten el uso o el disfrute de elementos comunes mediante la colocación de carteles de publicidad.

e) Las que limitan las actividades que pueden realizarse en los elementos privativos.

f) Las que prevén la resolución de los conflictos mediante el arbitraje o la mediación para cualquier cuestión del régimen de la propiedad horizontal.

3. Las normas de los estatutos que no estén inscritas en el Registro de la Propiedad no perjudican a terceros de buena fe».

CUESTIÓN

En mi comunidad se ha aprobado modificar los estatutos para prohibir en el edificio los apartamentos turísticos, ¿esta cláusula es legal?

Sí, el artículo 553-11.2.e) admite que en los estatutos se incluyan cláusulas que limiten las actividades que pueden realizarse en los elementos privativos.

En este sentido se ha manifestado la **SAP de Barcelona n.° 399/2017, de 5 de julio, ECLI:ES:APB:2017:7254**: «Por el contrario, la prohibición acordada en la Junta de Propietarios es plenamente conforme al artículo 553.11.2.e) del Código Civil de Cataluña que admite la validez de las cláusulas estatutarias que limiten las actividades que pueden realizarse en los elementos privativos, en relación con el artículo 553.47 que impide a los propietarios de los pisos o locales que puedan realizar, en el elemento privativo o en el resto del inmueble, actividades que los estatutos prohíban, o que sean perjudiciales para la finca, lo cual significa que para prohibir en los estatutos una actividad la misma no tiene que ser necesariamente una actividad perjudicial para la finca, encontrándose en cualquier caso sometido el acuerdo de prohibición a los límites de la ley, y del abuso de derecho».

En el caso de que la comunidad de propietarios haya elaborado unos estatutos, los mismos deberán **inscribirse en el Registro de la Propiedad** para que tengan efectos frente a terceros. Esto se deduce de una interpretación a sensu contrario del artículo 553-11.3 del CCCat que establece «Las normas de los estatutos que no estén inscritas en el Registro de la Propiedad no perjudican a terceros de buena fe». Esta interpretación la ha desarrollado la **SAP de Barcelona n.° 22/2020, de 28 de enero, ECLI:ES:APB:2020:375**:

> «En último término, debemos analizar la cuestión de la protección del tercer adquirente de un piso o local de negocio en fecha anterior a la inscripción del acuerdo en el Registro de la Propiedad. Precisamente al amparo de lo previsto en el artículo 553-11 del Codi Civil de Catalunya, cuya redacción permanece idéntica después de la reforma de 13 de mayo de 2015. Según este precepto **las normas de los estatutos que no estén inscritas en el Registro de la Propiedad no perjudican a terceros de buena fe**. En este precepto se acoge el principio de protección del tercer adquirente de buena fe, que rige en nuestro sistema inmobiliario registral (artículo 34 de la Ley Hipotecaria), aunque aquí la cuestión se circunscribe a la inscripción de los acuerdos de las Juntas de Propietarios que modifiquen los estatutos de la comunidad. Esta cuestión ha sido resuelta por el TSJC en las sentencias 33/2016, de 19 de mayo y 74/2018, de 13 de septiembre, declarándose en esta última se declara: "Cuestión distinta es que la restricción sobre el uso o destino de los elementos privativos sea oponible con efectos retroactivos a aquellos copropietarios que adquirieron los pisos o locales sin que constase inscrita la limitación en el Registro o lo que es igual la eficacia de una restricción adoptada ex post, esto es, después de la adquisición del titular, cuando no ha consentido que se limite el uso de su elemento privativo oponiéndose al acuerdo.
>
> En la sentencia 33/2016, de 19 de mayo, ya avanzamos que el art. 553-11,3 del CCCat (tanto en la redacción aplicable a los hechos que nos ocupan como en la actual) **impedía que los acuerdos restrictivos de un uso antes no prohibido pudiese ser opuesto a quienes adquirieron sus elementos privativos sin esa limitación**, por vulnerar la norma antes citada y el principio de seguridad jurídica establecido en el art. 9,3 de la CE.
>
> También dijimos en la Sentencia citada que el **acuerdo de modificación de los Estatutos una vez inscrito, sería eficaz y oponible a los futuros terceros adquirentes además, lógicamente, de serlo a los actuales que no se hubiesen opuesto al mismo.** O que incluso pudiera serlo en el momento en que se produjese el cese de la actividad posteriormente prohibida"».

La modificación de los estatutos de la comunidad deberá realizarse por la junta de propietarios y se requiere para ello el **voto favorable de las cuatro quintas partes de los propietarios con derecho al voto, que tienen que representar al mismo tiempo las cuatro quintas partes de las cuotas de participación, tal y como establece el artículo 553-26.2 del CCCat. En este punto, el régimen catalán difiere de la regulación de la LPH** que establece, por normal general, la necesidad de unanimidad del total de los propietarios que a su vez representen el total de las cuotas de participación. Así lo ha recogido el Tribunal Superior de Justicia de Cataluña, entre otras, en su sentencia n.º 74/2018, de 13 de septiembre, ECLI:ES:TSJCAT:2018:5827:

«Como indicamos en la STSJCat 33/2016 de 19 de mayo, en Cataluña, a diferencia del régimen regulador de la LPH de 21-7-1960, **la modificación de los Estatutos, no requiere del acuerdo unánime** de los miembros de la comunidad **sino solo de las cuatro quintas partes**, incluida la restricción o limitación del uso de los elementos privativos según resulta de lo dispuesto en el art. 553-25, 2 en relación con el art. 553-11 del CCCat en su redacción originaria, que es la aplicable al caso por razones temporales [Es preciso el voto favorable de las cuatro quintas partes de los propietarios, que deben representar las cuatro quintas partes de las cuotas de participación, para adoptar acuerdos de modificación del título de constitución y de los Estatutos, salvo que el título establezca otra cosa]. A partir de su inscripción en el Registro de la Propiedad la modificación de los Estatutos podrá ser opuesta a terceros.

Para la válida adopción de un acuerdo de esta clase no es aplicable (salvo que la modificación estatutaria se refiriese específicamente al uso de un piso o local concreto y no a la generalidad de los departamentos de la comunidad), la previsión del artículo 553-25,4 en su primitiva redacción conforme al cual los acuerdos que disminuyan las facultades de uso y goce de cualquier propietario o propietaria requieren que este los consienta expresamente.

No siendo exigible en estos casos la unanimidad, la voluntad contraria de uno o varios miembros de la comunidad no puede alterar el sistema de mayorías previsto por la norma legal para modificar los Estatutos.

Interpretarlo de otro modo ese modo dejaría vacía de contenido la posibilidad de modificar los Estatutos con el régimen de los 4/5.

En consecuencia, el acuerdo que restrinja o limite las actividades que pueden realizarse en los elementos privativos, adoptado por los órganos competentes de la Comunidad con el quórum previsto en el art. 553-25,2 del CCCat (actualmente art. 553-26,2), es válido como tal e inscribible en el Registro de la Propiedad. Así lo ha entendido —en este punto acertadamente— la Sentencia recurrida».

A TENER EN CUENTA. Los artículos 553-11 y 553-25 de la Ley 5/2006, de 10 de mayo, se analizan en esta sentencia conforme a la redacción originaria. Sin embargo, las posteriores reformas no afectan al contenido de la misma, al mantener los artículos el mismo espíritu, aunque haya variado la redacción.

3.3. Reglamento de régimen interior

El artículo 553-12 del CCCat se refiere al reglamento de régimen interior señalando que «El reglamento de régimen interior, que no puede oponerse a los estatutos, contiene las reglas internas referentes a las relaciones de convivencia y buena vecindad entre los propietarios y a la utilización de los elementos de uso común y de las instalaciones». Este reglamento, en el caso de existir, obliga a todos los propietarios y usuarios de los elementos privativos.

El reglamento debe ser **aprobado** por la junta de propietarios **por mayoría simple de los propietarios que han participado en la votación, que tiene que representar, al mismo tiempo, la mayoría simple del total de sus cuotas de participación**. Para la modificación se exige la misma mayoría que para la aprobación.

Al reglamento de régimen interior se ha referido la jurisprudencia catalana, diferenciándolo de los estatutos y estableciendo que la interpretación de las normas del reglamento debe hacerse de manera restrictiva, por cuanto suponen una limitación a la propiedad individual.

RESOLUCIÓN RELEVANTE

STSJ de Cataluña, rec. 220/2016, de 21 de diciembre de 2017, ECLI:ES:TSJCAT:2017:10700

«Los Estatutos de la Comunidad constituyen un conjunto de reglas plasmadas por escrito y con fuerza de ley establecidas de común acuerdo por los copropietarios de un edificio sujeto al régimen de propiedad horizontal para completar y desarrollar su ordenación legal.

Conforme a la normativa catalana los Estatutos regulan los aspectos referentes al régimen jurídico real de la Comunidad, pudiendo contener reglas sobre el destino, uso y aprovechamiento de los bienes privativos y de los bienes comunes; limitaciones de uso y demás cargas de los elementos privativos; ejercicio de los derechos y el cumplimiento de las obligaciones o, entre otros, la aplicación de gastos e ingresos y la distribución de cargas y beneficios. Siendo lícitas aquellas cláusulas que limiten las actividades que pueden realizarse en los elementos privativos (art. 553-11 Libro V CCCat).

El Reglamento de régimen interior, que ciertamente no puede oponerse a los Estatutos, contiene las reglas internas referentes a las relaciones de convivencia y buena vecindad entre los propietarios y a la utilización de los elementos de uso común y las instalaciones. Tanto los Estatutos como el Reglamento de régimen interior, obligan siempre a los propietarios y usuarios de los elementos privativos (art. 553-12 CCCat).

Ambas disposiciones tienen, en su origen, carácter convencional y una vez acordadas se convierten en normas que no pueden ser modificadas sino por acuerdo de los propietarios.

Los Estatutos tienen su límite en la ley imperativa y el Reglamento en los Estatutos, diferenciándose fundamentalmente en el régimen de mayorías necesarias para su adopción y para su modificación. Los Estatutos son inscribibles en el Registro, el Reglamento no.

La jurisprudencia del Tribunal Supremo, Sala 1.ª en relación con la Ley de Propiedad horizontal de 21 de julio de 1960, en la que se recogen también ambas figuras, se ha referido en diferentes ocasiones a su naturaleza destacando la Sentencia de 3 de mayo de 2007 que el Reglamento de régimen interior constituye un documento para fijar unas normas de mero funcionamiento de los servicios y elementos comunes, cuya rectificación o reforma es posible verificarla por cada Junta de la Comunidad, mediante su determinación en el Orden del Día, para concretar o modificar los sistemas de prestación de los mismos y los comportamientos exigidos a los propietarios.

La STS de 30-9-2010 recuerda sentencias anteriores en las que se indicaba, en la misma línea, que "toda limitación a la propiedad individual, al derecho singular, ha de interpretarse de modo restrictivo, salvo que afecte en esta especial institución y yuxtaposición de propiedades, a los elementos comunes".

De este modo, la labor de concreción de los preceptos relativos al uso de los elementos privativos y de los elementos comunes así como de la doctrina elaborada en torno a ellos debe realizarse sobre la base de la propiedad de que se trate, su destino y configuración».

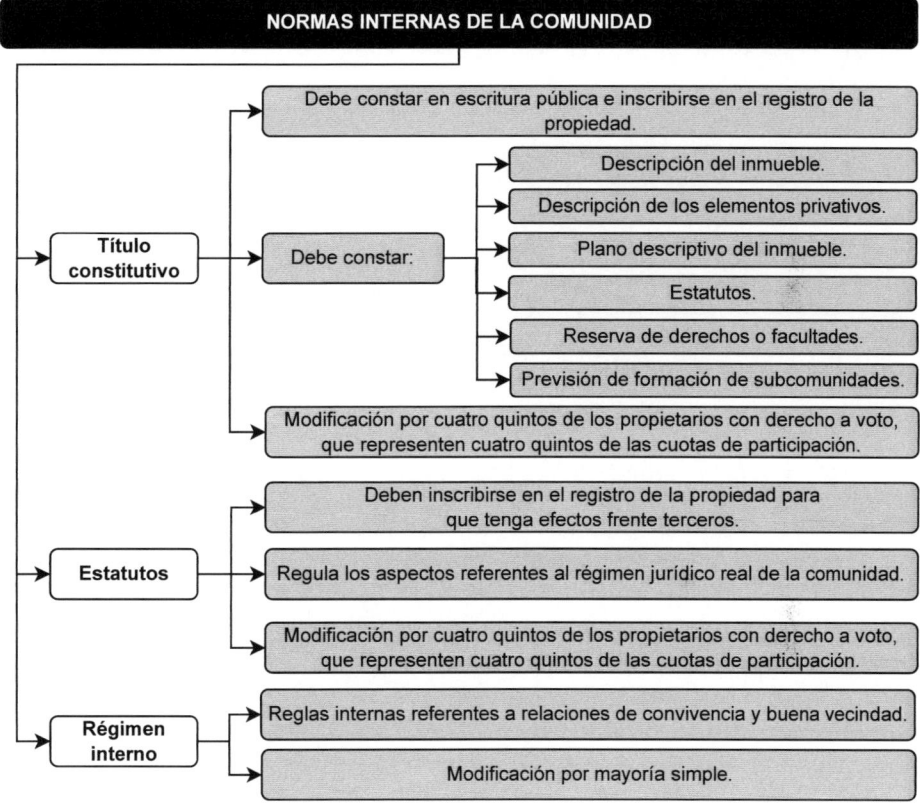

3.4. Extinción del régimen

El artículo 553-14 del CCCat recoge como causas de extinción del régimen de propiedad horizontal las siguientes:

- Acuerdo voluntario de la junta de propietarios o por decisión del propietario único.
- Destrucción.

- Declaración de ruina.
- Expropiación forzosa.

Para la extinción por medio de acuerdo de la junta de propietarios no solo es necesario que se apruebe por unanimidad, sino que es necesario el consentimiento expreso de todos los comuneros (art. 553-25.3 del CCCat).

A TENER EN CUENTA. La declaración de estado ruinoso es competencia del ayuntamiento que actuará de oficio o a instancia de parte y previa audiencia de las personas propietarias y residentes, salvo que la situación sea de peligro inminente. El artículo 198.2 del Decreto Legislativo 1/2010, de 3 de agosto, por el que se aprueba el texto refundido de la Ley de Urbanismo de Cataluña, señala los supuestos en los que se hace la declaración de ruina:

«a) Si los daños comportan la necesidad de una verdadera reconstrucción del edificio porque no son reparables técnicamente por los medios normales.

b) Si el coste de las obras de reparación necesarias para cumplir las condiciones mínimas de habitabilidad, en el caso de viviendas u otros de similares para otros usos, es superior al 50 % del coste de una construcción de nueva planta de características similares a la existente, en cuanto a la dimensión y el uso.

c) Si es preciso ejecutar obras imprescindibles para la estabilidad de la edificación y la seguridad de las personas, no autorizables en virtud del ordenamiento urbanístico en vigor».

Con relación a la extinción por destrucción o declaración de ruina, en el título de constitución puede establecerse que para estos casos no se produzca la extinción del régimen. De esta forma se puede proceder a la reconstrucción o rehabilitación del inmueble a cargo de los propietarios.

4.
ÓRGANOS DE GOBIERNO DE LA COMUNIDAD DE PROPIETARIOS

Las comunidades de propietarios, aun careciendo de personalidad jurídica, cuentan con órganos propios que garantizan su funcionamiento. El artículo 553-15.1 del CCCat establece: «Los órganos de la comunidad son la presidencia, la secretaría y la junta de propietarios. Los dos primeros son unipersonales. El cargo de la presidencia debe ser ejercido por un propietario. La secretaría puede ser ejercida por un propietario o por la persona externa a la comunidad que asuma las funciones de administración».

> **A TENER EN CUENTA.** En la redacción original se incluía en este apartado el cargo de administrador, sin embargo, con la reforma de llevada a cabo por la Ley 5/2015, de 13 de mayo, el nombramiento de un administrador pasa a ser voluntario.

4.1. Disposiciones generales

Los cargos de los órganos de la comunidad son designados por la junta de propietarios por **mayoría simple de los propietarios que hayan participado en la votación, que tiene que representar, al mismo tiempo, la mayoría simple del total de cuotas de participación**, en aplicación del artículo 553-25.2.j) del CCCat. También pueden ser designados por el promotor, en cuyo caso ejercen el cargo hasta la primera reunión de la junta de propietarios en la que se deberá realizar un nuevo nombramiento.

La designación de los cargos se realizará por elección entre los candidatos que se presenten y solo en el supuesto en que no existan candidatos, se hará por un turno rotatorio o por sorteo entre las personas que no hayan ejercido el cargo. En el nombramiento no debe producirse ningún tipo de discriminación por razón de sexo, orientación sexual, origen, creencias o cualquier otro motivo.

Una vez elegidos, el ejercicio del cargo es obligatorio, a pesar de que la junta de propietarios puede considerar la alegación de motivos de excusa fundamentados. Los cargos no son remunerados, salvo que los ejerzan personas ajenas a la comunidad —en el caso del administrador— en cuyo caso puede establecerse una remuneración. La previsión de que no sean remunerados se establece sin perjuicio del derecho a resarcirse de los gastos ocasionados por el ejercicio del cargo.

Además de los cargos regulados por la ley, los estatutos pueden regular la creación de otros órganos.

El artículo 553-15.9 del CCCat establece la organización de aquellas comunidades de propietarios en las que el número de propietarios es inferior a tres y con relación a esta situación preceptúa que «En los casos en que el número de propietarios sea inferior a tres, y mientras se mantenga esta situación, el régimen de funcionamiento de la organización de la comunidad es el que el artículo 552-7 establece para la comunidad ordinaria indivisa». La remisión que realiza al artículo 552-7 del CCCat supone que, en estos supuestos, la administración de la comunidad les corresponde a todos los copropietarios.

4.2. Presidente

El cargo de presidente es unipersonal y en todo caso deberá ser ejercido por un propietario. El artículo 553-16 del CCCat establece las funciones que le corresponden:

«1. Corresponden a la presidencia las siguientes funciones:
a) Convocar y presidir las reuniones de la junta de propietarios.
b) Representar a la comunidad judicial y extrajudicialmente.
c) Elevar a públicos los acuerdos, si procede.
d) Velar por el buen funcionamiento de la comunidad y por el cumplimiento de los deberes del secretario y del administrador.
e) Cualesquiera otras funciones que establezca la ley».

En lo que se refiere a la relación del presidente con la comunidad, aunque es el legal representante de la comunidad por su carácter orgánico, sus funciones o competencias vienen conferidas directamente por la ley, no por la comunidad a la que representa, por lo que, jurídicamente no es posible asimilar la figura del presidente a la del simple mandatario, ni sus competencias a las facultades que puede conferirles su mandate. Así lo ha declarado en sentencia la **AP de Barcelona, n.º 238/2020, de 20 de noviembre, ECLI:ES:APB:2020:11339**, en relación a un caso en que las obras de un propietario en elemento común habían sido permitidas por el presidente, no siendo esto posible, al no formar parte de sus atribuciones, debiendo ser autorizadas por el órgano competente de la comunidad:

> «En efecto, en cuanto a la relación del presidente con la comunidad, conviene recordar que las comunidades de propietarios, aun careciendo de personalidad jurídica, cuentan con órganos propios que garantizan su funcionamiento. Y entre ellos figura la presidencia (art. 553-15 CCCat), que es un cargo obligatorio que necesariamente debe desempeñar uno de los propietarios. Además **aunque es el legal representante de la Comunidad, tanto en juicio como fuera de él, por su carácter orgánico sus funciones o competencias le vienen atribuidas directamente por la Ley, no de la Comunidad a la que representa, por lo que no es jurídicamente correcto asimilar su figura a la del simple mandatario ni sus competencias a la facultades que puede conferirle su mandante.** En consecuencia, como bien señala la sentencia apelada, la autorización para realizar obras debía ser concedida por el órgano competente y, dado el alcance de dichas obras, ese órgano no podía ser otro más que la Junta General de Propietarios».

En el ámbito procesal las entidades sin personalidad jurídica tienen capacidad para ser parte cuando se les reconozca en la ley (art. 6.5.º de la LEC). En el caso de las comunidades de propietarios y en las subcomunidades, esta capacidad viene reconocida en el artículo 553-1.2.c) del CCCat al señalar que el régimen de propiedad horizontal supone la configuración de una organización para el ejercicio de los derechos y el cumplimiento de los deberes de los propietarios. En los supuestos en que una entidad sin personalidad comparece en juicio debe hacerlo por medio de las personas a las que la ley le atribuye su representación (art. 7.6 de la LEC). Como hemos visto la representación en juicio le corresponde al presidente de la comunidad conforme establece el artículo 553-16.1.b) del CCCat. Sin embargo, esto no autoriza a que pueda realizar cualquier actuación, sino que está sometido a la voluntad de la comunidad que debe autorizar las actuaciones mediante acuerdo. En este sentido se ha manifestado el Tribunal Superior de Justicia de Cataluña en varias sentencias, así como el Tribunal Supremo.

JURISPRUDENCIA

Sentencia del Tribunal Supremo, rec. 4466/2012, de 21 de septiembre de 2015, ECLI:ES:TS:2015:3985

«En cuyo sentido recuerda la jurisprudencia que para el ejercicio de acciones en nombre de un ente colectivo es preciso acreditar, si se niega por la parte contraria, que aquél goza de personalidad jurídica, por haberse cumplido los requisitos legal-

mente establecidos para su válida constitución, al ser la personalidad presupuesto de la capacidad procesal. Pero además, es necesario, si se niega también de contrario, que se aporte la correspondiente prueba acreditativa de que el acuerdo para el ejercicio de acciones ha sido tomado por el órgano al que legal o estatutariamente viene encomendada tal competencia y para autorizar a las personas que han de actuar en nombre y representación del ente colectivo, pues sólo así quienes resulten facultados podrán ostentar la capacidad procesal exigida por el artículo 18 de la ley jurisdiccional para comparecer en juicio y para poder apoderar a letrado o procurador que haya de representar en el proceso al ente.

TERCERO.- La Ley 5/2006, de 10 de mayo, del libro quinto del Código Civil de Cataluña, relativo a los derechos reales, aplicable al caso en méritos de su disposición transitoria sexta, atribuye en su artículo 553.18, donde se fijan las de la administración, atribuyen a ninguno de tales órganos la competencia para la adopción del acuerdo para entablar la acción que ahora nos ocupa, es evidente que corresponde su adopción a la Junta de Vecinos, sin que la ausencia de tal acuerdo pueda ser suplida por cualquier información suministrada a los propietarios, en Junta o fuera de ella, acerca de la existencia del recurso y de su estado de tramitación o de los honorarios del abogado, pues el artículo 45.2.d) de la ley jurisdiccional impone acompañar el escrito de interposición del recurso contencioso-administrativo el documento o documentos que acrediten el cumplimiento de los requisitos exigidos para entablar acciones las personas jurídicas (condición que obviamente reúne la actora) con arreglo a las normas o estatutos que les sean de aplicación».

RESOLUCIÓN RELEVANTE

STJ de Cataluña n.º 3/2019, de 17 de enero, ECLI:ES:TSJCAT:2019:1

«Es decir, pese a que la Ley de Propiedad Horizontal reconozca al Presidente de la comunidad de propietarios la representación de la misma en juicio y fuera de él, la jurisprudencia ha matizado que "esto no significa que esté legitimado para cualquier actuación por el mero hecho de ostentar el cargo de Presidente ya que no puede suplir o corregir la voluntad de la comunidad expresada en las juntas ordinarias o extraordinarias" De igual forma la STS 10 de octubre de 2011 aclara que: "No se trata, por tanto, de poner duda que la representación de la comunidad de propietarios le corresponde al Presidente, que es el único legitimado legalmente para representar judicialmente a la comunidad. Se trata de impedir que su voluntad personal sea la que deba vincular a la comunidad, lo que se consigue sometiendo al conocimiento de la junta de propietarios la cuestión que se somete a la decisión judicial, habida cuenta el carácter necesario de las normas que rigen la propiedad horizontal, que impide dejarlas al arbitrio y consideración exclusiva del Presidente". 5. En definitiva estima la Sala que las facultades del Presidente *para accionar en nombre y representación de la comunidad exigen un plus de acreditación de que su actuación representa la verdadera voluntad de la comunidad* en la medida en que sus actos en el proceso han de vincular a su representado o lo que es igual han de incidir en el patrimonio o en los intereses jurídicos de la comunidad.

6. Cierto es también que la Sala 1.ª suele emplear la palabra "legitimación" para negar la actuación del Presidente en ausencia del acuerdo comunitario. Y que igual ha hecho esta Sala en la STSJCat 48/2011 antes citada.

Sin embargo, fuera de utilización de dicho término que procede del Preámbulo de la Ley de Propiedad Horizontal de 21 de julio de 1960, y que no puede sino referirse a la que algún sector doctrinal y jurisprudencial denomina legitimatio ad processum no aparece con claridad que la doctrina del alto tribunal haya situado tal cuestión en el campo de la legitimación ad causam, y no en la de la mera representación y que, en cualquier caso, haya declarado insubsanable el defecto.

> *7. Así, reiteradamente ha dicho que la parte legítima es en todo caso la comunidad y no el Presidente que es su mero representante».*

Además, la junta de propietarios puede designar un vicepresidente que realizará las funciones del presidente en caso de muerte, imposibilidad, ausencia o incapacidad de este. Así mismo, podrá actuar por delegación del titular. La Audiencia Provincial de Barcelona ha reconocido la posibilidad de que el vicepresidente sustituya al presidente en la representación de la comunidad en juicio, en supuesto de imposibilidad, pero también cuando el presidente desconozca los hechos del proceso. Así lo recoge en la **SAP de Barcelona, n.º 166/2007, de 20 de marzo, ECLI:ES:APB:2007:3437**: «(...) la junta de propietarios es soberana para apoderar a un copropietario, para representar a la comunidad en los procedimientos entablados, en los que la misma es parte y por hechos acaecidos bajo el mandato de dicho propietario como presidente. Se trata de una autorización temporal de representación con una finalidad concreta y determinada y revocable en cualquier momento por parte de la comunidad, la cual en este caso **viene justificada por el mejor conocimiento de los hechos por parte de dicho comunero, actualmente vicepresidente de la misma comunidad, lo que le faculta para "asistir" al presidente en sus funciones, entre las que puede entenderse comprendida la propia de representar a la comunidad cuando, en beneficio de ella, lo requieran las circunstancias** (enfermedad, imposibilidad o desconocimiento de los hechos por parte del presidente vigente) (...)».

A TENER EN CUENTA. El apartado 2 del art. 553-16 del CCCat, que se refiere al vicepresidente, se introdujo con la reforma de la Ley 5/2015, de 13 de mayo con el fin de darle visibilidad y regular este cargo, ya que en la redacción originaria quedaba confuso.

4.3. Secretario

El secretario al igual que el presidente es un órgano unipersonal, pero en este caso puede estar ocupado por un propietario o por una persona externa a la comunidad que asuma las funciones de administración. La posibilidad de que el cargo sea ocupado por una persona que no sea propietaria en la comunidad solo se da cuando las funciones de secretaría las asuma el administrador, no siendo posible el nombramiento en una tercera persona. A este respecto se manifiesta la Audiencia Provincial de Lleida en su **sentencia n.º 228/2022, de 24 de marzo, ECLI:ES:APL:2022:353**:

> «Como ya consideramos en nuestra Sentencia n.º 523 de 11 de noviembre de 2019 (rec. 66/2018), dictada con relación a un acuerdo de esta misma COMUNIDAD en la Junta celebrada el 7 de marzo de 2015, (confirmando en este punto la Sentencia de 31 de julio de 2017 dictada por el Juzgado de Primera Instancia n.º 1 de Vielha e Mijaran en el Juicio

Ordinario n.º 144/2916), "Conforme a dicho precepto **es posible que el cargo de Secretario y Administrador recaiga sobre la misma persona ajena a la Comunidad y en ese caso es retribuido, o cabe que se ejerza por un comunero, en cuyo caso ya no es retribuido**", a lo que debemos añadir que, conforme a la normativa del CCCat, o el cargo de Secretario de la Comunidad recae en un comunero y no es retribuido, o puede ostentarlo un tercero profesional que no forme parte de la COMUNIDAD, pero en este último caso solo es admisible que se ejerzan por ese tercero profesional conjuntamente los cargos de Administrador y de Secretario, y será retribuido. **De modo que no es admisible, ex art. 553-15 CCCat, que se acuerde desvincular las funciones de Secretario y de Administrador ejerciéndose por dos profesionales externos distintos con una remuneración diferenciada**».

Las funciones que se atribuyen al secretario se recogen en el artículo 553-17 del CCCat al disponer: «El secretario extiende las actas de las reuniones, realiza las notificaciones, expide los certificados y custodia, durante cinco años como mínimo, las convocatorias, las comunicaciones, los poderes, la documentación contable y los demás documentos relevantes de las reuniones y de la comunidad. La custodia y la teneduría de los libros de actas son reguladas por el artículo 553-28».

La función de custodiar los libros de actas de la junta de propietarios aparece delimitada en el tiempo por la ley. Así el artículo 553-28 del CCCat señala que mientras el régimen de propiedad horizontal exista se debe conservar el libro durante treinta años, y si el régimen se extingue el plazo de conservación se limita a cinco años.

A TENER EN CUENTA. El plazo de custodia en caso de extinción del régimen de propiedad horizontal se introdujo por medio de la Ley 5/2015, de 13 de mayo, de modificación del libro quinto del Código civil de Cataluña, relativo a los derechos reales.

También le corresponde al secretario emitir el certificado de impago de gastos para instar la reclamación deuda por medio del juicio monitorio. En el mismo deberá constar la existencia de la deuda y su importe, manifestación de que la deuda es exigible y que se corresponde con las cuentas de la comunidad y el requerimiento de pago hecho al deudor.

4.4. Administrador de fincas

El cargo de administrador es de constitución voluntaria para la comunidad, al disponer el artículo 553-15.2 del CCCat que «La comunidad puede encargar la administración a un profesional externo que cumpla las condiciones profesionales legalmente exigibles. En este caso, las funciones de administración incluyen también las de secretaría». El administrador podrá ser nombrado por la junta de propietarios o por el promotor, siendo la función ejercida por un profesional y, por tanto, es un cargo remunerado, y será denominado «administrador de fincas».

A TENER EN CUENTA. Las condiciones profesionales legalmente exigidas para ejercer el cargo de administrador en Cataluña las encontramos en el artículo 54 de la Ley 18/2007, de 28 de diciembre, del derecho a la vivienda de Cataluña, que señala que los administradores de fincas para el ejercicio de su cargo deben tener:

- Capacitación profesional requerida.

- Suscrito un seguro de responsabilidad civil.

El administrador de fincas se encarga de la gestión ordinaria de la comunidad y sus funciones, conforme establece el artículo 553-18 del CCCat, consisten en:

«a) Tomar las medidas convenientes y hacer los actos necesarios para conservar los bienes y el funcionamiento correcto de los servicios de la comunidad.

b) Velar por que los propietarios cumplan las obligaciones y hacerles las advertencias pertinentes.

c) Preparar las cuentas anuales del ejercicio precedente y el presupuesto.

d) Ejecutar los acuerdos de la junta de propietarios y efectuar los cobros y pagos que correspondan.

e) Decidir la ejecución de las obras de conservación y reparación de carácter urgente, de todo lo cual debe dar cuenta inmediatamente a la presidencia.

f) Pagar, con autorización de la presidencia, los gastos de carácter urgente que pueden correr a cargo del fondo de reserva.

g) Las demás funciones que expresamente le sean delegadas por la junta de propietarios o atribuidas por la ley».

De todas sus actuaciones el administrador de fincas es responsable ante la junta de propietarios. Este responde de la misma forma que el artículo 1718 del CC establece para el mandato, pues ambas figuras se equiparan. Así se ha establecido en la **SAP de Málaga n.º 662/2021, de 15 de noviembre, ECLI:ES:APMA:2021:4488:**

«Pues bien, expuesto lo anterior habrá que tener en consideración que, el administrador, es órgano de gobierno también, de la Comunidad de propietarios (artículo 13.1 d) de la LPH). Las sentencias de las Audiencias Provinciales, vienen a **calificar la relación jurídica existente entre el administrador y la comunidad de propietarios como de contrato de mandato, o como un mandato "sui géneris"**, (así SSAP Madrid, Sección 13.ª, de 25 de febrero de 1997, Valencia, Sección 3, de 25 de abril de 1996 (AC 1996, 2530), Cáceres, Sección 1.ª, de 7 de junio de 2004 (AC 2004, 1019), Barcelona, Sección 1.ª, de 30 de junio de 2004, Girona, Sección 1.ª, de 27 de mayo de 2005, Málaga, Sección 5.ª, de 31 de marzo de 2006 (JUR

2006, 189412), y Madrid, Sección 18.ª, de 13 de julio de 2006 (JUR 2007, 32561)). Como esta Sala participa de esta calificación de que la relación jurídica que vincula al administrador con la comunidad lo es de mandato, aún sui géneris, constituirán deberes esenciales el de llevar a cabo la gestión encomendada y cumplir con el mandato (artículo 1.718 del Código Civil), **por lo que será causa de responsabilidad el incumplimiento de los deberes de gestión que le son propios, así cómo la realización de actos de manera distinta a la encomendada o diferente a la que razonablemente cabía esperar».**

4.5. Junta de propietarios

La junta de propietarios es el órgano supremo de la comunidad de propietarios y está integrada por todos los propietarios de elementos privativos. El artículo 553-19.2 del CCCat establece el mínimo de funciones que se le atribuyen y, además de estas, le corresponden todas aquellas funciones que no tengan atribuidas otros órganos:

«2. La junta de propietarios tiene las competencias no atribuidas expresamente a otros órganos y, como mínimo, las siguientes:

a) El nombramiento y remoción de las personas que deben ocupar u ocupan los cargos de la comunidad.

b) La modificación del título de constitución.

c) La aprobación y modificación de los estatutos y del reglamento de régimen interior.

d) La aprobación de los presupuestos y de las cuentas anuales.

e) La aprobación de la realización de reparaciones de carácter ordinario no presupuestadas y de las de carácter extraordinario y de mejora, de su importe y de la imposición de derramas para su financiación.

f) El establecimiento o modificación de los criterios generales para fijar o modificar cuotas.

g) La extinción voluntaria del régimen».

La junta de propietarios debe reunirse de manera ordinaria al menos una vez al año para la aprobaciún de las cuentas y de los presupuestos de la comunidad, así como para elegir a las personas que deban ocupar los cargos de presidente y secretario.

Además, la junta de propietarios puede reunirse de **manera extraordinaria** cuando lo considere conveniente el presidente o cuando lo solicite, como mínimo, una cuarta parte de los propietarios o los que representen una cuarta parte de las cuotas de participación. En los estatutos puede establecerse la convocatoria de reuniones especiales para tratar cuestiones que afecten solo a propietarios determinados o, si procede, a las subcomunidades.

Por último, el artículo 553-20.4 del CCCat recoge la posibilidad de que la junta de propietarios pueda reunirse sin que se haya hecho una convocatoria, si concurren a ella todos los propietarios y acuerdan por unanimidad la reunión y su orden del día.

Las reuniones serán convocadas por el presidente, aunque en el caso de vacante, inactividad o negativa podrá convocarla la vicepresidencia, y si esta no lo hiciera podrá convocarla una cuarta parte de los propietarios o los que representen una cuarta parte de las cuotas de participación.

Los estatutos regularán la forma en que deben realizarse las convocatorias y para el caso de que no hayan establecido nada al respeto, el artículo 553-21.2 del CCCat establece que «Las convocatorias, citaciones y notificaciones, salvo que los estatutos establezcan expresamente otra cosa, deben enviarse, con una antelación mínima de ocho días naturales, a la dirección comunicada por el propietario a la secretaría. El envío puede hacerse por correo postal o electrónico, o por otros medios de comunicación, siempre y cuando se garantice la autenticidad de la comunicación y de su contenido. Si el propietario no ha comunicado dirección alguna, deben enviarse al elemento privativo del que es titular. Además, el anuncio de la convocatoria debe publicarse con la misma antelación en el tablón de anuncios de la comunidad o en un lugar visible habilitado a tal efecto. Dicho anuncio produce el efecto de notificación efectiva cuando la personal no ha tenido éxito». La jurisprudencia menor se ha manifestado en cuanto a la forma en que debe realizarse la comunicación, estableciendo que la ley no exige que la convocatoria se realice por medio fehaciente, **siendo suficiente acreditar que se hizo el envío.**

A este respecto, podemos citar, como ejemplo, la **SAP de Girona n.º 408/2021, de 3 de noviembre, ECLI:ES:APGI:2021:1405**, que recoge que:

> «Del precepto transcrito **no se desprende que las comunicaciones con los propietarios deban realizarse necesariamente por un medio fehaciente**, esto es, que deje constancia de su envío y recepción por el destinatario, sino que puede considerarse válida la fórmula del correo ordinario y, en la actualidad, mediante correo electrónico.
> Al no exigir la Ley la utilización de un medio fehaciente, a la Comunidad demandada le basta con acreditar que hizo el envío del correo electrónico para dar cumplimiento al artículo 553.21.2 del CCC.
> Y ello por cuanto la finalidad que se persigue es que la convocatoria de la junta llegue a conocimiento del comunero con antelación suficiente para que pueda documentarse, si a su derecho conviniere, sobre los temas a tratar en la misma según el orden del día previsto.
> En el caso de juntas extraordinarias para tratar de asuntos urgentes, no es necesario el preaviso de ocho días exigiéndose únicamente que los propietarios hayan podido tener conocimiento de las convocatorias, citaciones y notificaciones antes de la fecha en que deba celebrarse la reunión».

En cuanto al **contenido de la convocatoria de la junta de propietarios** el artículo 553-21.4 del CCCat establece que la misma debe incluir de forma clara y detallada:

> «a) El orden del día. Si la reunión se convoca a petición de propietarios promotores, deben constar en él los puntos que proponen. El orden del día incluye, entre otros asuntos, los propuestos por escrito a la presidencia, antes de la convocatoria, por cualquiera de los propietarios.
> b) El día, el lugar y la hora de la reunión.

c) La advertencia que, con relación a los acuerdos a que se refiere el artículo 553-26, los votos de los propietarios que no asisten a la reunión se computan en el sentido del acuerdo tomado por la mayoría, sin perjuicio de su derecho de oposición.

d) La lista de los propietarios con deudas pendientes con la comunidad por razón de las cuotas, los cuales, de conformidad con el artículo 553-24, tienen voz pero no tienen derecho de voto, de todo lo cual es preciso advertir».

El **orden del día** es uno de los puntos esenciales de la convocatoria, en él se especifican los temas que se van a tratar en la reunión, concretando, de esta manera, las votaciones que se realizarán. El artículo 553-25.1 del CCCat establece que solo se pueden someter a votación los puntos incluidos en el orden del día, y en este sentido se ha manifestado la **sentencia de la Audiencia Provincial de Lleida n.º 328/2022, de 10 de mayo, ECLI:ES:APL:2022:419**:

«En cuanto a esta exigencia de que todos los puntos a tratar en la junta de propietarios consten en el orden del día, indicábamos en nuestra sentencia de 20-5-2013 (n.º 194/2013), siguiendo el criterio de nuestras sentencias de 5 de marzo de 2009 y 5/10/2012, que "...En relación con los acuerdos establece el párrafo 1 del art. 553-25 C.C Cat que '**sólo pueden adoptarse acuerdos sobre los asuntos incluidos en el orden del día**'. La previsión legal no puede ser más clara —en consonancia, a su vez, con lo dispuesto en el art. 111.6 C.C Cat. al referirse al principio de libertad civil que informa las disposiciones de este código y de las otras leyes civiles catalanas, salvo que en ellas se establezca expresamente su imperatividad o cuando ésta se deduzca necesariamente de su contenido—, y la única excepción que se contempla al respecto es la que la misma norma prevé a continuación en el sentido que 'sin embargo, la junta de propietarios puede acordar, aunque no consten en el orden del día, la destitución del presidente o presidenta, del administrador o administradora y del secretario o secretaria y emprender acciones contra ellos, así como el nombramiento de personas para ejercer dichos cargos'. Sobre la infracción de los requisitos de la convocatoria de la junta y, más en concreto, en cuanto al contenido del orden del día, se ha pronunciado reiteradamente el Tribunal Supremo (en aplicación del actual art. 16-2, antes art. 15 de la LPH, siendo extrapolables sus criterios a lo que disponen los arts. 553-21-4a) y 553-25-1 C.C Cat.) en el sentido que 'en las comunidades de propietarios no se pueden tomar acuerdos que no estén en el orden del día, pues sería fácil burlar la voluntad de determinados propietarios, consiguiendo en la junta convocada acuerdos diferentes de los señalados en dicho orden, **nulidad que abarca igualmente a dichos acuerdos si se adoptaren bajo la rúbrica de ruegos y preguntas**, pues el art. 15 LPH señala entre los requisitos de convocatoria para las juntas la indicación de los asuntos a tratar'" (STS de 26 de junio de 1995)».

Con la convocatoria debe enviarse toda la documentación relacionada con el orden del día o bien debe indicarse el lugar donde se encuentra para que pueda ser consultada por los propietarios. Si de las funciones de administración se encarga un profesional externo, este debe tener dicha documentación a disposición de los propietarios desde el momento en el que se envía la convocatoria.

El Tribunal Superior de Justicia de Cataluña se ha pronunciado sobre las consecuencias de que en la convocatoria de la junta no se incluya de forma clara y detallada la lista de propietarios que tengan deudas pendientes y la advertencia de que tienen voz pero no voto (mientras no sufraguen las deudas pendientes). Establece que estamos ante una exigencia de carácter no imperativo en términos generales y por tanto su omisión solo comportará la nulidad del acuerdo cuando haya producido indefensión a alguno de los propietarios —**STSJ de Cataluña n.º 3/2013, de 9 de enero, ECLI:ES:TSJ-CAT:2013:680**—. Siguiendo la interpretación establecida por el Tribunal Superior de Justicia de Cataluña, la Audiencia Provincial de Barcelona también determina que la nulidad de los acuerdos solo es posible si se produce indefensión al propietario.

RESOLUCIÓN RELEVANTE

SAP de Barcelona n.º 46/2019, de 31 de enero, ECLI:ES:APB:2019:484

*«La sentencia de la Sección 4.ª fue recurrida en casación y el recurso fue desestimado por el Tribunal de Justicia de Catalunya de 9/1/2013, que dijo lo siguiente: "... Tampoc podem obviar que aquesta Sala en la recent sentència de 29 de novembre de 2012, ha dit, a títol d'obiter dicta: 'A) Por lo que se refiere al supuesto defecto de la convocatoria a la mencionada Junta, consistente en no haber acompañado a la misma la lista de propietarios morosos con la advertencia de que, conforme a lo dispuesto en el art. 553-21.4.e) CCCat, serían privados por ello del derecho de voto, teniendo en cuenta que los actores conocieron con la suficiente antelación los estados de cuentas de los que resultaban claramente que tenían deudas pendientes con la COMUNIDAD y que la convocatoria sí contenía una advertencia expresa en línea con lo demandado, debemos concluir que en el presente caso se han cumplido adecuadamente las prescripciones de dicho precepto, sin necesidad de acudir a los efectos correctores que propician la exigencia de la buena fe (art. 111-7 CCCat) y la proscripción del abuso de derecho (art. 7.2 CC), puesto que **las mismas no pueden ser entendidas en la de su estricta formalidad, sino en la de la materialidad de la información que los propietarios convocados han conocer para acudir a dicho acto en las condiciones adecuadas para poder ejercer su derecho de participación efectiva en los asuntos comunitarios**'.*

Les anteriors consideracions, aplicades al cas que ara debatem han de comportar concloure que l'exigència establerta en l' article 553.21.4 e) del Codi civil de Catalunya, en el sentit que la convocatòria ha d'expressar de manera clara i detallada la llista de propietaris amb deutes pendents amb la comunitat i l'advertiment que tenen veu però no vot, és una exigència de caràcter no imperatiu en termes generals, ja que la seva omissió, justificarà la nul·litat de la junta de propietaris, i dels seus acords, només quan la dita omissió hagi produït indefensió a algun dels propietaris, i, això pel fet que aquesta norma no es pot entendre en la seva estricta formalitat sinó des d'un aspecte material de manera que s'ha d'eradicar una nul·litat que s'empari en un mer defecte formal sense incidència material de cap índole...".

*En el caso de autos, partiendo de las anteriores consideraciones, cabe destacar que la actora **tenía conocimiento cumplido de la existencia de deudas** con la comunidad y prueba de ello es que se puso al corriente de sus deudas con la Comunidad con carácter previo a la reunión, pudo asistir a la Junta y pudo también impugnar los acuerdos de la Junta. **Ninguna indefensión observamos**, por tanto, para el actor».*

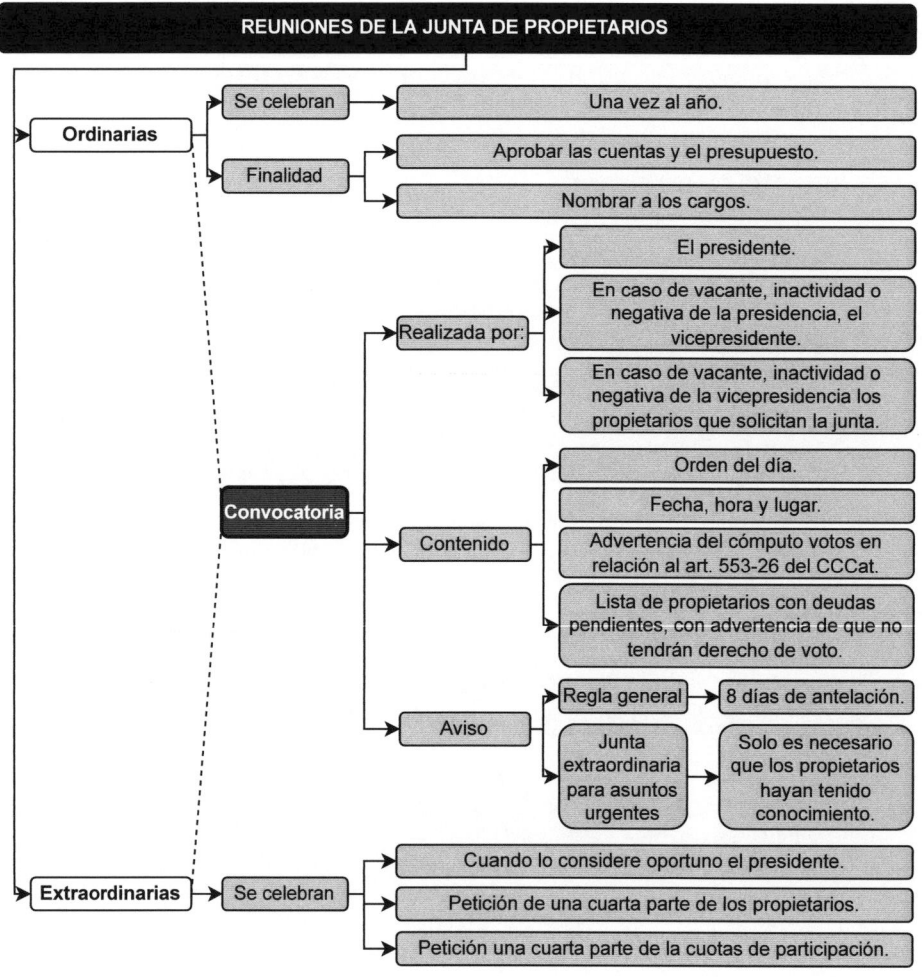

5.
ADOPCIÓN DE ACUERDOS COMUNITARIOS

Todos los propietarios tienen derecho a asistir a las reuniones de la junta de propietarios, personalmente o por medio de representación. Los estatutos pueden establecer la posibilidad de asistir por videoconferencia o por otros medios telemáticos de comunicación sincrónica similares. En el supuesto de que el propietario asista por medio de representante, la representación deberá acreditarse por escrito.

Para supuestos especiales la ley prevé quien debe asistir a las juntas:

- En el caso de **cotitularidad del bien privativo**, los cotitulares deberán **designar a uno para que asista** a la junta de propietarios.

- En una situación de **usufructo**, se entiende que los **nudos propietarios están representados por el usufructuario**, salvo que exista una manifestación en contra. Esta representación debe ser expresa para acuerdos sobre el título de constitución, los estatutos y las obras extraordinarias o de mejora.

Para que la junta de propietarios quede válidamente constituida la ley no establece un *quorum* mínimo necesario, sino que el artículo 553-23 del CC-Cat señala que «La junta de propietarios se constituye válidamente sea cual sea el número de propietarios que concurran y las cuotas de las que sean titulares o representante». En el supuesto de que no esté presente alguno de los cargos —presidente, vicepresidente o secretario— la junta de propietarios designará uno entre los asistentes.

A TENER EN CUENTA. Con la reforma llevada a cabo por la Ley 5/2015, de 13 de mayo, se suprime la necesidad de hacer una primera y segunda convocatoria, ya que se considera que no presenta utilidad práctica la exigencia de doble convocatoria, tratándose de una convocatoria única.

Por lo que se refiere al derecho de voto, lo tienen aquellos propietarios que no tengan deudas pendientes con la comunidad. Los propietarios que las tengan podrán votar si acreditan que han consignado judicial o notarialmente su importe o que las han impugnado judicialmente.

Artículo 553-24.2 del CCCat

«2. El derecho de voto se ejerce de las siguientes formas:
a) Personalmente.
b) Por representación, de acuerdo con lo establecido por el artículo 553-22.1.
c) Por delegación en otro propietario, efectuada mediante un escrito que designe nominativamente a la persona delegada y en el que puede indicarse el sentido del voto con relación a los puntos del orden del día. La delegación debe efectuarse para una reunión concreta de la junta de propietarios y debe recibirse antes de que comience».

En lo referente al cómputo de los votos, los de las personas que se abstengan y el correspondiente a los elementos privativos de beneficio común se computan en el mismo sentido que en el de la mayoría conseguida.

5.1. Mayorías necesarias

Solo se pueden adoptar acuerdos sobre los asuntos que se recogen en el orden del día. El Código Civil de Cataluña recoge tres mayorías necesarias para la adopción de los acuerdos en relación con la materia que sea objeto de votación.

Mayoría simple

Artículo 553-25. Régimen general de adopción de acuerdos

«2. Se adoptan por **mayoría simple de los propietarios** que han participado en cada votación, que tiene que representar, al mismo tiempo, la **mayoría simple del total de sus cuotas de participación**, los acuerdos que hacen referencia a:
a) La ejecución de obras o el establecimiento de servicios que tienen la finalidad de **suprimir barreras arquitectónicas o la instalación de ascensores**, aunque el acuerdo comporte la modificación del título de constitución y de los estatutos o aunque las obras o los servicios afecten a la estructura o la configuración exterior.
b) Las **innovaciones exigibles para la habitabilidad, accesibilidad, seguridad del inmueble o eficiencia energética o hídrica** según su naturaleza y características, aunque el acuerdo comporte la modificación del título de constitución y de los estatutos o afecten a la estructura o a la configuración exterior.
c) La ejecución de las obras para **instalar infraestructuras comunes o equipos con la finalidad de mejorar la movilidad de los usuarios, para conectar servicios de telecomunicaciones de banda ancha o para indivi-**

dualizar la medición de los consumos de agua, gas o electricidad o para la instalación general de puntos de recarga para vehículos eléctricos aunque el acuerdo comporte la modificación del título de constitución y de los estatutos.

d) La ejecución de las obras para **instalar infraestructuras comunes o equipos con el fin de mejorar la eficiencia energética o hídrica**, así como para instalar **sistemas de energías renovables** y sus elementos auxiliares de uso común en elementos comunes, aunque el acuerdo comporte la modificación del título de constitución y de los estatutos o afecten a la estructura o la configuración exterior.

e) La ejecución de las obras para **instalar infraestructuras o equipos con la finalidad de mejorar la eficiencia energética o hídrica, así como para instalar sistemas de energías renovables de utilidad particular en elementos comunes**, a solicitud de los propietarios interesados, aunque afecten a la estructura o a la configuración exterior. El acuerdo adoptado incluye, si la instalación existente lo permite, el acceso de otros propietarios siempre que abonen el importe que les hubiera correspondido cuando se hizo la instalación, debidamente actualizado, así como el coste de la adaptación necesaria para tener acceso. Los propietarios que quieran tener acceso a las instalaciones preexistentes tienen que comunicarlo previamente a la presidencia o a la administración de la comunidad.

f) La participación en la generación de **energías renovables compartidas con otras comunidades de propietarios**, en la agregación de la demanda, así como también en comunidades energéticas locales o ciudadanas de energía, y en el ejercicio de los derechos derivados de esta participación, aunque el acuerdo comporte la modificación del título de constitución y de los estatutos.

g) Los **contratos de financiación** para hacer frente a los gastos derivados de la ejecución de las obras o de las instalaciones previstas en los apartados anteriores.

h) Las **normas del reglamento de régimen interior**.

i) El **acuerdo de someter a mediación** cualquier cuestión propia del régimen de la propiedad horizontal.

j) Los acuerdos que no tengan fijados una mayoría diferente para adoptarlos».

A TENER EN CUENTA. El artículo 553-25 del Código Civil de Cataluña se ha visto modificado por la Ley 3/2023, de 16 de marzo, con entrada en vigor el 18/3/2023.

La adopción del acuerdo por mayoría simple requiere que los votos y las cuotas de propietarios a favor sean superiores a los votos y cuotas en contra. Para calcular la mayoría se computa los votos y las cuotas de todos los propietarios que hayan asistido a la junta ya sea personalmente o por medio de representante.

A diferencia de la Ley de Propiedad Horizontal, **la ley catalana no establece ningún mecanismo de resolución de conflictos para los supuestos en los que no sea posible alcanzar la mayoría**. El artículo 17.7 de la LPH, en su párrafo segundo, establece: «Cuando la mayoría no se pudiere lograr por los procedimientos establecidos en los apartados anteriores, el Juez, a instancia de parte deducida en el mes siguiente a la fecha de la segunda Junta, y oyendo en comparecencia los contradictores previamente citados, resolverá en equidad lo que proceda dentro de veinte días, contados desde la petición, haciendo pronunciamiento sobre el pago de costas». Sin embargo, el CCCat no hace referencia alguna a la posibilidad de acudir al juicio de equidad, lo que plantea dudas acerca del proceso a seguir en caso de no lograr la mayoría, optando, en muchos casos, por hacerlo a través del juicio ordinario.

Los acuerdos que modifiquen las cuotas de participación, los que priven a cualquier propietario de las facultades de uso y disfrute de elementos comunes y los que determinen la extinción del régimen de propiedad horizontal simple o compleja, requieren el consentimiento expreso de los propietarios afectados. En este **sentido se ha manifestado la Audiencia Provincial de Barcelona en su sentencia n.º 386/2022, de 17 de junio, ECLI:ES:APB:2022:6362**, especificando que ante una modificación que afecta al derecho de propiedad es necesario el consentimiento del interesado, y en el caso de que no exista conformidad, el acuerdo es nulo:

> «El acuerdo de forma indudable limita (en tanto lo define) el derecho de propiedad del actor —cuya extensión es discutida, si bien se recuerda que no es objeto del procedimiento— de modo que establece cuáles son los límites del elemento privativo y cuáles los de los elementos comunes en su entorno. Y tal no puede acontecer mediante un acuerdo de la junta de propietarios si no es con la aquiescencia del interesado por aplicación del art. 553-25.4 y concordantes del CCC, y ello aunque el caso concreto pueda no encajar milimétricamente en los supuestos que dicho precepto contempla. Si no existe dicha conformidad, el acuerdo es nulo por ser contrario a la ley. Y será mediante el ejercicio de las acciones que al derecho de la demandada convengan como se pueda (o no) conseguir lo pretendido, pero desde luego no mediante un acuerdo de junta de propietarios con el que no está de acuerdo la persona cuyo derecho de propiedad se ve afectado.
>
> En definitiva, la junta de propietarios, al adoptar el acuerdo en cuestión, se ha atribuido funciones cuasi jurisdiccionales porque ha fijado unilateralmente la extensión y límites de la plaza de aparcamiento propiedad del actor, sin contar con su consentimiento y sin posibilidad de más oposición que la que ahora ejercita».

El artículo 553-25.5 del CCCat recoge la posibilidad de acudir a los tribunales para la realización de obras de **eliminación de barreras arquitectónicas** y establece que «Los propietarios o titulares de un derecho posesorio sobre el elemento privativo, en caso de que ellos mismos o las personas con quienes conviven o trabajan sufran alguna discapacidad o sean mayores de setenta años, si no consiguen que se adopten los acuerdos a qué hacen referencia las letras a) y b) del apartado 2, pueden pedir a la autoridad judicial que obligue a la comunidad a suprimir las barreras arquitectónicas o a hacer las innovaciones exigibles, siempre que sean razonables y proporcionadas, para alcanzar la accesibilidad y transitabilidad del inmueble en atención a la discapacidad que las motiva». La ley no establece los requisitos que la autoridad judicial debe tener en cuenta para establecer la obligación de realizar las obras necesarias. Sobre esto se ha pronunciado la **STSJ de Cataluña n.º 15/2019, de 21 de febrero, ECLI:ES:TSJCAT:2019:1240**:

> «12. Decíamos entonces que el silencio de la norma respecto de los requisitos exigidos para obligar a la Comunidad a realizar la instalación, no suponía, obviamente, que los Tribunales estuviesen obligados a acceder en todo caso a la demanda, sino que debían **hacer un juicio equitativo en función de las circunstancias de cada caso concreto**, siendo necesario que exista un equilibrio entre los derechos de unos y otros propietarios para que no se provoque el efecto contrario al querido por la Ley (integración social de las personas con minusvalías) así como que las decisiones que se tomen sean posibles y ejecutables.
>
> 13. Para realizar este juicio equitativo debía **considerarse**, por un lado, la clase y tipo de minusvalías físicas o la edad de los concretos peticionarios incluso su número, con independencia de que tales discapacidades hubiesen sido determinadas en vía administrativa y, de otro, sin ánimo exhaustivo: a) el **mantenimiento del propio sistema**; b) los **derechos que en su caso podrían resultar afectados** por la instalación; c) el coste total de las obras; d) la **capacidad de la Comunidad y de sus miembros para llevarlas a cabo** sin afectar a su propia subsistencia, y, e) las ayudas oficiales previstas y con las que podría contar la Comunidad para sufragar las obras.
>
> 14. Asimismo, añadíamos, que todas estas circunstancias que el tribunal debía valorar debían **alegarse y acreditarse en la fase** declarativa del procedimiento y no en la de ejecución, en tanto que condicionaban la decisión a adoptar».

Unanimidad

El artículo 553-26 del CCCat recoge los supuestos en los que se requiere una mayoría especial para la aprobación de acuerdos, estableciendo para los mismos la exigencia de unanimidad o una mayoría cualificada de cuatro quintas partes de propietarios y cuotas. Así, en el apartado primero del artículo 553-26 del CCCat se recogen los acuerdos sujetos a unanimidad:

> «1. Se requiere el voto favorable de todos los propietarios con derecho al voto para:
> a) **Modificar las cuotas de participación**.
> b) **Desvincular un anexo**.
> c) **Vincular el uso exclusivo** de patios, jardines, terrazas, cubiertas del inmueble u otros elementos comunes a uno o varios elementos privativos.
> d) **Ceder gratuitamente el uso de elementos comunes** que tienen un uso común.
> e) Constituir un **derecho de sobreelevación, subedificación y edificación** sobre el inmueble.
> f) **Extinguir el régimen** de propiedad horizontal, simple o compleja, y convertirla en un tipo de comunidad diferente.
> g) **Acordar la integración en una propiedad horizontal compleja**.
> h) **Someter a arbitraje** cualquier cuestión relativa al régimen de la propiedad horizontal, a menos que haya una disposición estatutaria contraria».

Mayoría cualificada

El apartado segundo del artículo 553-26 del CCCat establece una mayoría cualificada en la que se exige la aprobación de los acuerdos con el voto favorable de las cuatro quintas partes de los propietarios con derecho al voto que representen las cuatro quintas partes de las cuotas de participación:

«2. Es necesario el voto favorable de las **cuatro quintas partes de los propietarios con derecho al voto**, que tienen que representar al mismo tiempo las **cuatro quintas partes de las cuotas de participación**, para:

a) **Modificar el título de constitución y los estatutos**, salvo que exista una disposición legal en sentido contrario.

b) Adoptar acuerdos relativos a **innovaciones físicas en el inmueble, si afectan a su estructura o configuración exterior**, salvo los supuestos regulados en las letras b), d) y e) del artículo 553-25.2, así como los relativos a la construcción de piscinas e instalaciones recreativas.

c) **Desafectar un elemento común**.

d) **Constituir, enajenar, gravar y dividir un elemento privativo de beneficio común**.

e) Acordar **cuotas especiales de gastos**, o un incremento en la participación en los gastos comunes correspondientes a un elemento privativo por el uso desproporcionado de elementos o servicios comunes, de acuerdo con lo que establece el artículo 553-45.4.

f) Acordar la **extinción voluntaria del régimen de propiedad horizontal por parcelas**.

g) La **cesión onerosa del uso y el arrendamiento de elementos comunes** que tienen un uso común por un **plazo superior a quince años**.

h) Los **contratos de financiación que tengan un plazo de amortización superior a quince años**».

En cuanto a las mayorías recogidas en este artículo, el apartado tercero establece unas **especialidades de cómputo** por las que se entienden adoptados los acuerdos:

- La **unanimidad** se obtiene cuando han votado a favor todos los propietarios que han participado en la votación, siempre que **no se oponga ningún propietario en el plazo de un mes** desde que se haya notificado el acuerdo. La oposición debe hacerse mediante escrito a la secretaría que se envíe por cualquier medio fehaciente.

- Para la **mayoría de cuatro quintas partes** se entiende alcanzada, cuando ha votado favorablemente la mayoría simple de los propietarios y de las cuotas participantes a la votación y, en el plazo de un mes desde la notificación del acuerdo, se alcanza la mayoría cualificada contando como **voto favorable la posición de los propietarios ausentes que**, en dicho plazo, **no se han opuesto al acuerdo** mediante un escrito enviado a la secretaría por cualquier medio fehaciente.

A TENER EN CUENTA. Las mayorías exigidas han sido objeto de modificación reciente por el Decreto Ley 28/2021, de 21 de diciembre, de modificación del libro quinto del Código civil de Cataluña, con el fin de incorporar la regulación de las instalaciones para la mejora de la eficiencia energética o hídrica y de los sistemas de energías renovables en los edificios sometidos al régimen de propiedad horizontal, y de modificación del Decreto ley 10/2020, de 27 de marzo, por el que se establecen nuevas medidas extraordinarias para hacer frente al impacto sanitario, económico y social de la COVID-19, en el ámbito de las personas jurídicas de derecho privado sujetas a las disposiciones del derecho civil catalán. Por medio de esta reforma la norma pretende facilitar y agilizar la adopción de acuerdos respecto de la elección de los proyectos técnicos relativos a la mejora de la eficiencia energética y a los sistemas de energías renovables más adecuados para los intereses de la comunidad.

5.2. Acta

De las reuniones de la junta de propietarios debe quedar constancia y para ello se realizan las actas. El secretario de la comunidad es el encargado de su redacción, que deberá autorizarse con las firmas de este y del presidente. Deberá estar redactada al menos en catalán, o en aranés en Arán, y deberá hacerse en un plazo de cinco días desde el día después de la reunión. El artículo 553-27.2 del CCCat establece el contenido mínimo que debe constar en la misma:

«2. El acta de la reunión debe redactarse al menos en catalán, o en aranés en Arán, y deben constar en ella los siguientes datos:

a) La fecha y el lugar de celebración, el carácter ordinario o extraordinario y el nombre de la persona que ha realizado la convocatoria.

b) El orden del día.

c) La indicación de la persona que la ha presidido y de la persona que ha actuado como secretario.

d) La relación de personas que han asistido personalmente o por representación y, si procede, de las que delegan.

e) Los acuerdos adoptados, los participantes en cada votación y sus cuotas respectivas, así como el resultado de las votaciones, con la indicación de los que han votado a favor, los que han votado en contra y los que se han abstenido.

f) Los acuerdos susceptibles de formación sucesiva, de acuerdo con el artículo 553-26.3».

El incumplimiento de alguna de las formalidades exigidas por la ley en la redacción del acta no supone per se la nulidad de la misma, sino que es preciso estar al caso concreto. Hay que tener en cuenta que la finalidad del acta no es constitutiva, sino que se limita a reflejar el acuerdo que se ha adoptado. Así lo han entendido tanto el Tribunal Supremo como la jurisprudencia menor.

JURISPRUDENCIA

Sentencia del Tribunal Supremo de 2 de marzo de 1992, ECLI:ES:TS:1992:1733

«(...) Aparte de incurrir en una conducta procesalmente contradictoria (la demanda de impugnación se fecha el 24 de diciembre de 1986, siendo así que en la argumentación del motivo se afirma que hasta el 10 de febrero de 1987 no podía haber comenzado el cómputo) que no ha de ampararse, se atribuye al acta de la junta un carácter constitutivo de los acuerdos que no posee; *es mero "reflejo" de los mismos (artículo 17 de la Ley de Propiedad Horizontal),* y sólo se puede reflejar lo que ya existe. *El acta podrá servir como prueba preconstituida, pero en modo alguno la única admisible; la solemnidad "ad probationem" no se establece expresamente por la Ley de Propiedad Horizontal, y por su importancia procesal no puede interpretarse el artículo 17 de la Ley de Propiedad Horizontal en ese sentido. La norma 4.a del artículo 16 de la Ley de Propiedad Horizontal además es clara: el plazo comienza a contarse desde acuerdo o desde la notificación, si hubiera estado ausente el que impugna. Probado en autos, sin que se haya combatido en el recurso esta apreciación, que el recurrente asistió y votó en la junta de 28 de octubre de 1986, los treinta días de plazo de ejercicio de la acción impugnatoria empiezan desde el siguiente, pues el precepto legal no exige que a la demanda se acompañe copia o certificado del acta».*

RESOLUCIÓN RELEVANTE

SAP de Tarragona n.º 456/2020, de 26 de noviembre, ECLI:ES:APT:2020:1651

«(...) Además, prima facie, la posible nulidad del acta no acarrearía, sin más, la de los acuerdos en la junta adoptados, pues el acta es únicamente un medio de prueba de los datos recogidos en ella y de los acuerdos adoptados, *según el contenido recogido en el artículo referido, careciendo de eficacia constitutiva respecto de ellos. En este sentido se pronunció, por ejemplo, la STS de 2 de marzo de 1992: "se atribuye al acta de la junta un carácter constitutivo de los acuerdos que no posee; es mero 'reflejo' de los mismos (artículo 17 de la Ley de Propiedad Horizontal) y sólo se puede reflejar lo que ya existe. El acta podrá servir como prueba preconstituida, pero en modo alguno la única admisible; la solemnidad 'ad probationem' no se establece expresamente por la Ley de Propiedad Horizontal, y por su importancia procesal no puede interpretarse el artículo 17 de la Ley de Propiedad Horizontal en ese sentido" (SAP de Tarragona, sección 1, del 19 de Mayo del 2008).* Las actas de las juntas no son constitutivas: el acuerdo es el que se adopta realmente en la junta de propietarios, aunque en el acta no se recoja fielmente (Tribunal Supremo sentencias de 2 de marzo de 1.992 y 19 de julio de 1.993)».

El acta podrá ser levantada por un notario cuando así lo requiera el presidente y en todo caso cuando haya una solicitud escrita presentada, al menos cinco días antes de la fecha de la reunión, por una cuarta parte de los propietarios o por menos si representan la cuarta parte de las cuotas. En este caso, debe hacerse en el libro de actas una referencia clara a la fecha de celebración de la reunión y al nombre y la residencia del notario que asistió a ella.

En el plazo de diez días a contar desde el siguiente a la reunión debe remitirse el acta a los propietarios mediante correo postal o electrónico o por otros medios de comunicación, con las mismas garantías requeridas para la convocatoria. En el caso de que en la reunión se sometiera a votación algún acuerdo susceptible de formación sucesiva, una vez haya transcurrido un mes desde la notificación del acuerdo, debe enviarse a todos los propietarios un anexo al acta en el que debe indicarse el resultado final de la votación.

Los acuerdos de las juntas deben transcribirse en un libro de actas que debe legalizarse, al menos en catalán o en aranés en Arán, en el registro de la propiedad que corresponda. El libro de actas estará custodiado por el secretario, y debe conservarse durante treinta años mientras exista el régimen de propiedad horizontal o durante cinco años desde el momento en que haya extinguido. La Audiencia Provincial de Tarragona se ha pronunciado en relación con la exigencia de que las actas se transcriban en catalán, y ha determinado que el hecho de que **el acta se redacte solo en castellano no determina la nulidad de la misma**:

SAP de Tarragona n.º 250/2014, de 1 de julio, ECLI:ES:APT:2014:1144:

> «(...) que por otra parte, parece existir amplio consenso en considerar que cuando la Ley establece que el acta será redactada, cuando menos, en catalán, no supone que esté prohibido que se haga sólo en castellano, que también es idioma oficial. Esa exigencia difícilmente encaja con la libertad civil y la autonomía de la voluntad proclamada en el preámbulo de la misma Ley 5/2006 que aprueba el libro quinto del CCC. Además, dicha transgresión no tiene sanción jurídica ni transcendencia desde el punto de vista de la eficacia ante los tribunales, a lo sumo, una hipotética sanción administrativa. En todo caso, esa obligación legal faculta a cualquiera de los comuneros para exigir la transcripción del acta también en catalán o, en su caso, impugnar el acuerdo que excluya la transcripción en esta lengua. Finalmente, como expresa la SAP de Barcelona, sección 14, de 23 —enero—2014 (ROJ: SAP B 503/2014), "Tampoco puede acogerse la pretensión de que se subsane el idioma del acta al no haberse redactado en catalán, toda vez que la acción que se interpone en la demanda rectora es la de impugnación de acuerdos para que se decrete la nulidad y no para su subsanación"».

6.
IMPUGNACIÓN DE ACUERDOS COMUNITARIOS

Los acuerdos adoptados válidamente por la junta de propietarios, salvo que los estatutos establezcan otra cosa, **son ejecutivos desde el momento en que se adoptan y vinculan a todos los propietarios incluidos a los disidentes**. Esta vinculación se mantiene, aunque se haya impugnado el acuerdo, tal y como establece el artículo 553-32.1 del CCCat que señala que «La impugnación de un acuerdo de la junta de propietarios no suspende su ejecutabilidad». Con relación a esta ejecutabilidad se ha manifestado la **SAP de Barcelona n.º 46/2022, de 7 de febrero, ECLI:ES:APB:2022:1086**:

> «En el régimen de las comunidades de propietarios, la voluntad de las mismas se forma en las Juntas de propietarios (ordinarias y extraordinarias) que válidamente se celebren, y su expresión formal se contendrá en los acuerdos que se consignen en las actas de tales juntas, salvo que los mismos resulten impugnados en los plazos y por las causas que legalmente se establezcan, siendo la "ratio legis" del sistema la necesidad de dotar de certeza y seguridad a los acuerdos comunitarios, en el sentido de limitar el plazo de impugnación, puesto que de otro modo, si cualquier acuerdo con vicios formales pudiese ser impugnado por el comunero interesado en el tiempo que quisiera, se crearía una intolerable inseguridad en la vida jurídica de la comunidad (entre otras, SSTS de 2 noviembre 2004 o 30 diciembre 2005).
>
> Por ello, de conformidad con lo dispuesto en los arts. 553-29 y 553-30 del Código Civil de Catalunya, **los acuerdos adoptados válidamente por la junta de propietarios son ejecutivos inmediatamente después de que el acta haya sido notificada a los propietarios, y obligan y vinculan a todos los propietarios, incluso a los disidentes**.
>
> El artículo 553.29 del Código Civil de Catalunya dispone lo siguiente: "Los acuerdos adoptados válidamente por la junta de propietarios son ejecutivos inmediatamente después de que el acta haya sido notificada a los propietarios". Y el artículo 553.30.1 que "1. Los acuerdos adoptados por la junta de propietarios son obligatorios y vinculan a todos los propietarios, incluso a los disidentes", salvo que se impugnen en los casos y con los requisitos a que se refiere el artículo 553.31».

6.1. Obligaciones de los disidentes

Por norma general, conforme al principio de vinculación universal de los acuerdos, los disidentes están obligados a cumplir con los acuerdos de la junta, siempre que el acuerdo no se haya impugnado. El Código Civil de Cataluña recoge una serie de previsiones sobre los gastos a los que debe hacer frente, quien haya votado en contra del acuerdo. En este sentido el artículo 553-30 del CCCat establece:

- En relación con las **nuevas instalaciones o nuevos servicios comunes los disidentes no están obligados a pagar los gastos de aquellos que no sean exigibles de acuerdo con la ley si el valor total del gasto acordado es superior a la cuarta parte del presupuesto anual** vigente de la comunidad. Para calcular el total del gasto se debe descontar las subvenciones o las ayudas públicas y los costes derivados de la obtención del crédito necesario con entidades financieras. Si con posterioridad los propietarios que votaron en contra y no pagaron los gastos, desean hacer uso de las nuevas instalaciones o servicios, deberán abonar los gastos de ejecución y de mantenimiento con la actualización que corresponda aplicando el índice general de precios de consumo.

- Para el caso de **supresión de barreras arquitectónicas** o la instalación de ascensores y los que hagan falta para **garantizar la accesibilidad y la habitabilidad del edificio,** si la obra se ha aprobado por acuerdo de la junta de propietarios, los **gastos son a cargo de todos los propietarios.** En el supuesto de que la obra derive de una decisión judicial conforme el artículo 553-25.5 del CCCat, será la autoridad judicial quien determine el importe al que deben hacer frente en función de los gastos ordinarios de la comunidad.

- En los supuestos en los que la comunidad de propietarios apruebe un acuerdo para la **instalación de infraestructuras o equipos comunes con la finalidad de mejorar la eficiencia energética o hídrica, así como la instalación de sistemas de energías renovables** de uso común en elementos comunes, los gastos serán de cargo de todos los propietarios. En el caso de los disidentes **están obligados si el valor total del gasto acordado no excede de las tres cuartas partes del presupuesto anual** vigente de la comunidad en razón de los gastos ordinarios. Para el cálculo del gasto total que supone, con relación al pago de los disidentes, debe descontarse las subvenciones o las ayudas que puedan corresponder a la comunidad por este concepto.

> **A TENER EN CUENTA.** Las obligaciones de los disidentes con relación a los gastos fueron modificadas por la Ley 5/2015, de 13 de mayo, que suprimió el límite presupuestario en relación con las obras para la eliminación de barreras arquitectónicas y las realizadas para garantizar la accesibilidad y habitabilidad del edificio. También ha sido objeto de reforma por el Decreto Ley 28/2021, de 21 de diciembre, que establece

en el apartado cuarto la responsabilidad del disidente en los gastos por instalación de infraestructura y equipos comunes para mejorar la eficiencia energética o hídrica, así como en la instalación de sistemas de energía renovables.

CUESTIONES

1. En mi comunidad se ha aprobado la instalación de un gimnasio cuyo coste será de 30.000 euros, el presupuesto de la comunidad es de 100.000 euros. Yo he votado en contra de la obra, ¿tengo que pagar el gasto?

No, en este caso estamos ante una nueva instalación que no está exigida por la ley y que supera la cuarta parte del presupuesto anual, por tanto, no tiene obligación de pagar los gastos. Para el supuesto de que no abone el importe que le correspondería, la comunidad de propietarios puede prohibir que haga uso de las instalaciones.

2. Finalmente la comunidad ha contratado la obra a otra empresa que supone una reducción en el coste, por lo que, el importe total es ahora de 20.000 euros. En este caso, ¿tengo que pagar?

Sí, como se ha reducido el importe y ya no supera el límite marcado en el artículo 553-30 del CCCat de la cuarta parte del presupuesto anual, todos los propietarios deben asumir el gasto, incluso los disidentes.

Existen supuestos en los que una autoridad competente obliga a una comunidad a realizar unas obras si algún propietario se opone a las actuaciones u obras necesarias o demora su ejecución. En estos casos, el propietario disidente que se oponga sin causa justificada responderá de manera personalmente de las sanciones que se impongan en vía administrativa. Mediante el apartado 5 del artículo 553-30 del CCCat se establece una responsabilidad individual de los propietarios que impidan la realización de la obra exigida por la autoridad y cuyo incumplimiento suponga la imposición de sanciones administrativas de las que, sin esta previsión, sería responsable la comunidad de propietarios.

A TENER EN CUENTA. Esta previsión de responsabilidad del propietario que impide realizar obras o actuaciones exigidas se estableció a través de la reforma llevada a cabo por la Ley 5/2015, de 13 de mayo, de modificación del libro quinto del Código civil de Cataluña, relativo a los derechos reales.

6.2. Impugnación de los acuerdos

El Código Civil de Cataluña establece en el artículo 553-31 la posibilidad de impugnar judicialmente los acuerdos que se adopten en la junta de propietarios. Este artículo legitima para ejercer la acción de impugnación a los propietarios que votaron en contra, los ausentes que se hayan opuesto y a los que hayan sido privados ilegítimamente del derecho a voto.

RESOLUCIÓN RELEVANTE

SAP de Girona n.º 482/2017, de 5 de diciembre, ECLI:ES:APGI:2017:1151

«Consecuentemente, la decisión de primera instancia de acoger la falta de legitimación activa del demandante debe ser revocada, porque el comunero accionante goza conforme al art. 553-31.1.2 CCCat, de legitimación procesal para el ejercicio de la acción deducida en la demanda, basada en la afirmación de la titularidad de la relación jurídica planteada en el juicio (legitimación activa), frente a la Comunidad de Propietarios a la cual se atribuye el deber u obligación correlativos (legitimación pasiva), a los derechos invocados en la demanda.

Mientras que el art. 553-25.6 del CCCat que disciplina el régimen general de adopción de acuerdos, cuando establece que: "A los efectos únicamente de la legitimación para la impugnación de los acuerdos y la exoneración del pago de gastos para nuevas instalaciones o servicios comunes, los propietarios que no han participado en la votación pueden oponerse al acuerdo mediante un escrito enviado a la secretaría, por cualquier medio fehaciente, en el plazo de un mes desde que les ha sido notificado. Si una vez pasado el mes no han enviado el escrito de oposición, se considera que se adhieren al acuerdo".

Dicho precepto se viene a referir a la oposición a los acuerdos en el ámbito interno de la comunidad, mediante escrito ante la Secretaría remitido en el plazo de un mes por los propietarios que no han participado en la votación, teniendo ocasión de hacerlo. Caso de no hacerlo así, se les considera adheridos al acuerdo.

Pero este precepto no puede ser de aplicación a los supuestos en que los propietarios no han sido convocados a la junta, lo cual comporta actos contrarios a la ley; no han dispuesto de su derecho a voto, viéndose ilegítimamente privados del mismo; y se ven implicados en unos acuerdos de la junta que les afectan directamente, en los que se introducen "ex novo" modificaciones en el régimen comunitario preexistente, sin específica advertencia previa, lo cual comportaría un evidente abuso de derecho. En estos casos, para la impugnación judicial de los acuerdos comunitarios, ha de regir el art. 553-31 CCCat, que legitima a los propietarios privados del derecho de voto que por ello no han podido votar en contra y disponen del plazo de un año para proceder a la impugnación judicial desde la notificación del acta».

Además, para poder impugnar, los propietarios deberán **estar al corriente de pago de las deudas** de la comunidad que estén vencidas en el momento de la adopción del acuerdo que desee impugnarse o haber consignado su importe judicial o notarialmente.

Artículo 553-31.3 CCCat

«3. Para ejercer la acción de impugnación es preciso estar al corriente de pago de las deudas con la comunidad que estén vencidas en el momento de la adopción del acuerdo que desee impugnarse o haber consignado su importe».

En cuanto al **momento** en el que el propietario **debe estar al corriente de pago**, la ley catalana es muy clara a diferencia de la Ley de Propiedad Horizontal, y señala que el momento en el que debe valorarse la morosidad es el de la adopción del acuerdo. Así lo ha interpretado la **Audiencia Provincial de Barcelona en su sentencia n.º 541/2020, de 9 de diciembre, ECLI:ES:APB:2020:12895:**

«El artículo 553-31, 3 del Código Civil de Cataluña, en la nueva redacción dada al mismo por la Ley 5/2015, de 13 de mayo, de modificación del libro quinto del Código Civil de Cataluña, relativo a los derechos reales establece "Para ejercer la acción de impugnación es preciso estar al corriente de pago de las deudas con la comunidad que estén vencidas en el momento de la adopción del acuerdo que desee impugnarse o haber consignado su importe".

De este modo, frente a la anterior regulación, y en paralelo a lo dispuesto en la LPH, se ha añadido la prohibición de impugnar si se está en mora, algo que había dado sus problemas de interpretación, toda vez que en el precepto anterior no se establecía de forma clara el supuesto, de ahí que existía doctrina y jurisprudencia a favor o en contra de dicha interpretación.

Además, de la redacción literal que el legislador catalán ha dado al precepto, a diferencia de la del artículo 18,2 de la LPH, que establece "Para impugnar los acuerdos de la Junta el propietario deberá estar al corriente en el pago de la totalidad de las deudas vencidas con la comunidad o proceder previamente a la consignación judicial de las mismas. Esta regla no será de aplicación para la impugnación de los acuerdos de la Junta relativos al establecimiento o alteración de las cuotas de participación a que se refiere el artículo 9 entre los propietarios", **es claro el momento en que se ha de tener en cuenta la morosidad, siendo este "el momento de la adopción de acuerdos"**, de tal modo que **con pagar lo que había emitido la Comunidad cuando la Junta se celebró se está legitimado para impugnar, aunque luego se dejen de abonar las derramas ordinarias y extraordinarias que se pasen con posterioridad a esa fecha.** De este modo en Cataluña el propietario que es moroso cuando presenta la demanda de impugnación, pero que no lo era cuando se tomó el acuerdo impugnado, está legitimado para la presentar la impugnación"; y así lo ha entendido esta Audiencia en Sentencia de la sección 19 de 8 de octubre de 2020 que señala que "esa obligación no se extiende al pago de deudas cuyo devengo o imputación resulte, precisamente, de los acuerdos impugnados"».

A TENER EN CUENTA. La exigencia de estar al corriente de pago se introduce a partir de la reforma que realiza la Ley 5/2015, de 13 de mayo.

El artículo 553-31.1 del CCCat establece los acuerdos que pueden impugnarse y el plazo para realizarlo:

- Si son **contrarios a las leyes, al título de constitución o a los estatutos** o si, dadas las circunstancias, **implican un abuso de derecho.** En este caso la acción de impugnación caduca en el plazo de 1 año.

- Si son **contrarios a los intereses de la comunidad o son gravemente perjudiciales para uno de los propietarios.** El plazo de **caducidad en este supuesto es de 3 meses.**

El **plazo de caducidad de la acción de impugnación** de los acuerdos se cuenta **desde la notificación del acta o del anexo del acta**, según proceda. Acerca del cómputo del plazo de caducidad se ha pronunciado el Tribunal Superior de Justicia de Cataluña con referencia a la Ley de Propiedad Horizontal. En la regulación de derecho común se establece «(...) Para los propietarios ausentes dicho plazo se computará a partir de la comunicación del acuerdo conforme al procedimiento establecido en el artículo 9». Se deduce del artículo 18 de la LPH que el cómputo para el resto de los propietarios presentes comienza desde que tienen conocimiento del acuerdo, es decir, desde el momento de la reunión de la Junta de Propietarios del acta, sin necesidad de notificación. Por el contrario, el Código Civil de Cataluña especifica que el cómputo de la caducidad comienza en todo caso desde la notificación del acta, y no antes, sin realizar distinción entre propietarios presentes y ausentes, por lo que, dicha regla afecta a todos los propietarios. Así lo ha entendido el **Tribunal Superior de Justicia de Cataluña en su sentencia n.º 10/2013, de 31 de enero, ECLI:ES:TSJCAT:2013:689**:

> «c) Otra razón que avala la interpretación literal de la referida norma es que el legislador catalán cuando aprueba el Llibre cinquè del Codi civil de Catalunya tiene pleno conocimiento de la Ley de Propiedad Horizontal estatal y del contenido de su artículo 18.3, en el que no sólo distingue entre propietarios presentes y ausentes, sino que también el plazo para el ejercicio de la acción es más extenso, ya que es de tres meses —y no dos, como en el artículo 553-31.3 CCC—, por lo que es perfectamente factible que la diferencia entre una y otra normativa se hiciere de forma "intencionada" y, en base al principio pro actione, con la finalidad de alargar el breve plazo de 2 meses legalmente previsto para impugnar el acuerdo.
>
> d) Asimismo **corrobora la tesis de que la notificación debe realizarse tanto a los propietarios presentes como a los ausentes y que el dies a quo empieza a contar desde la fecha en que se notifique el acuerdo**, la interpretación sistemática de toda la nueva normativa catalana en materia de propiedad horizontal referente a la adopción de acuerdos comunitarios, pues ésta difiere en gran manera de la estatal, tanto en lo concerniente a la convocatoria de la Junta, como en la forma de redacción del acta, como también en lo relativo a la ejecutoriedad de los acuerdos —vide. Arts. 553-21.2, 553-27 y 553-29 CCC—, en todos cuyos preceptos se hace referencia al término notificación, a diferencia de lo que acontece en los artículos 16.2 y 19.3 de la LPH, de suerte que en la ley estatal los acuerdos son ejecutivos desde el cierre del acta, mientras que en la catalana lo son, una vez el acta haya sido notificada a los propietarios».

CUESTIÓN

En mi comunidad se aprobó por mayoría simple de propietarios la instalación de un ascensor, pero no se había alcanzado la mayoría simple de cuotas, por lo que he decidido impugnar el acuerdo, sabiendo que ya ha pasado un año y medio. ¿Puedo impugnar? ¿Ha caducado la acción?

Sí, puede impugnar, aunque el artículo 553-31.4 del CCCat señala que el plazo de caducidad para impugnar acuerdos contrarios a las leyes, al título de constitución o a los estatutos es de un año, la jurisprudencia catalana se ha pronunciado y ha establecido que cuando un acuerdo no se aprueba por la mayoría requerida no existe y, por tanto, no puede alegarse caducidad de la acción. En este sentido la **STSJ de Cataluña n.º 44/2021, de 8 de septiembre, ECLI:ES:TSJCAT:2021:9195**, recoge que:

«Y en el mismo sentido, en la STSJCat 49/2012 de 26 de julio, dijimos en relación con un acuerdo de una Junta de propietarios inexistente por falta de quórum para su adopción, que:

"La sentencia recurrida estima, asimismo, la caducidad de la acción de impugnación pues había transcurrido el plazo de dos meses establecidos en el art. 553.31.3 CCCat, pero debe rechazarse dicha caducidad en tanto que, para su estimación, se requerirá la previa existencia de un acuerdo. Y como hemos señalado precedentemente, dicho acuerdo no existió al no reunirse los quórum legales, por lo cual, su impugnación aun habiendo transcurrido el plazo de dos meses (aun cuando no superaba el año) no puede entenderse caducado, siendo que, en todo caso, resultan nulos de pleno derecho, conforme declara reiterada jurisprudencia del TS —SSTS 7 Julio 1989, 15 Febrero 1992, entre otras—, aplicable al caso examinado, los acuerdos adoptados sin las mayorías necesarias —como sucede en el supuesto enjuiciado— al emanar de un quórum que hace inviable, en absoluto, el acuerdo, por haberse adoptado por una mayoría de propietarios que no tenía la mayoría de cuotas (art. 553.25. 5 CCCat), que comporta, por ello, una nulidad de 'pleno iure' sin posibilidad de convalidación —SSTS 19— Julio 1994 y 14 Octubre 2008—, declarándose por la citada STS 15 Febrero 1992 en lo relativo a la caducidad de las acciones contra acuerdos adoptados en Junta de Propietarios (con cita de las sentencias de 31 de marzo, 4 de abril y 18 de diciembre de 1984) que no resulta aplicable cuando:

'... (la) insubsanabilidad se produce por emanar de un 'quorum' que hace inviable en absoluto tal acuerdo, al haber sido adoptado por mayoría cuando se precise unanimidad (o en el supuesto examinado adoptado por mayoría de propietarios y no de cuotas, cuando requería de mayoría de propietarios y cuotas), ya que en tal caso el acuerdo no se produce de modo alguno, ni de hecho, ni jurídicamente, dado que en ese aspecto es de distinguir casuísticamente entre un orden de acuerdos cuya ilegalidad es susceptible de subsanación por efecto de la caducidad sobrevenida de la acción de impugnación y otro orden en que la ilegalidad conlleva la nulidad 'pleno iure' sin posibilidad de convalidación por el transcurso del plazo de caducidad...'"».

La impugnación de un acuerdo de la junta no lleva consigo la suspensión de la ejecución. En cualquier caso, la autoridad judicial podrá adoptar las medidas cautelares que considere convenientes, incluso la de decretar provisionalmente la suspensión del acuerdo de la junta de propietarios impugnado. En este sentido se manifiesta la **STSJ de Cataluña n.º 50/2019, de 8 de julio, ECLI:ES:TSJCAT:2019:6123**:

«A estos efectos, debe señalarse que el art. 533-30.1 CCCat dispone que los acuerdos adoptados en la Junta de Propietarios son obligatorios y vinculantes, incluso para los disidentes. **Aunque sean impugnados, no se suspende su ejecutividad** —art. 553-32.1 CCCat—, **sin perjuicio de la adopción de medidas cautelares**. En todo caso, concurriendo en el supuesto controvertido una singularidad derivada de un acuerdo de la Comunidad de Propietarios que adopta la decisión de no iniciar acciones legales para obligar a la demolición de la obra, aunque, otro precedente, imponía un plazo para su derribo, impide una actuación en contra del adoptado en Junta de 26 de febrero de 2.015, sin su previa impugnación. Como hemos avanzado, al igual que sucede para la comunidad ordinaria que a los disidentes —art. 552- 8 CCCat— se posibilita acudir a la Autoridad Judicial si por el acuerdo de la mayoría se consideran perjudicados, también en el régimen jurídico de la propiedad horizontal, el art. 553-31-1 b) CCCat posibilita su impugnación si los acuerdos son contrarios a los intereses de la comunidad o gravemente perjudiciales para uno de los propietarios.

El actor debió con carácter previo o simultáneo impugnar el acuerdo adoptado de no iniciar acciones legales, pues siendo firme, en aquel momento, la voluntad de la Comunidad de Propietarios de no interponer la demanda contra los propietarios del NUM002, no puede actuar en su contra y entender que lo hace en beneficio e interés de la comunidad cuando la misma ha acordado no deducir pretensión alguna contra el titular del NUM002».

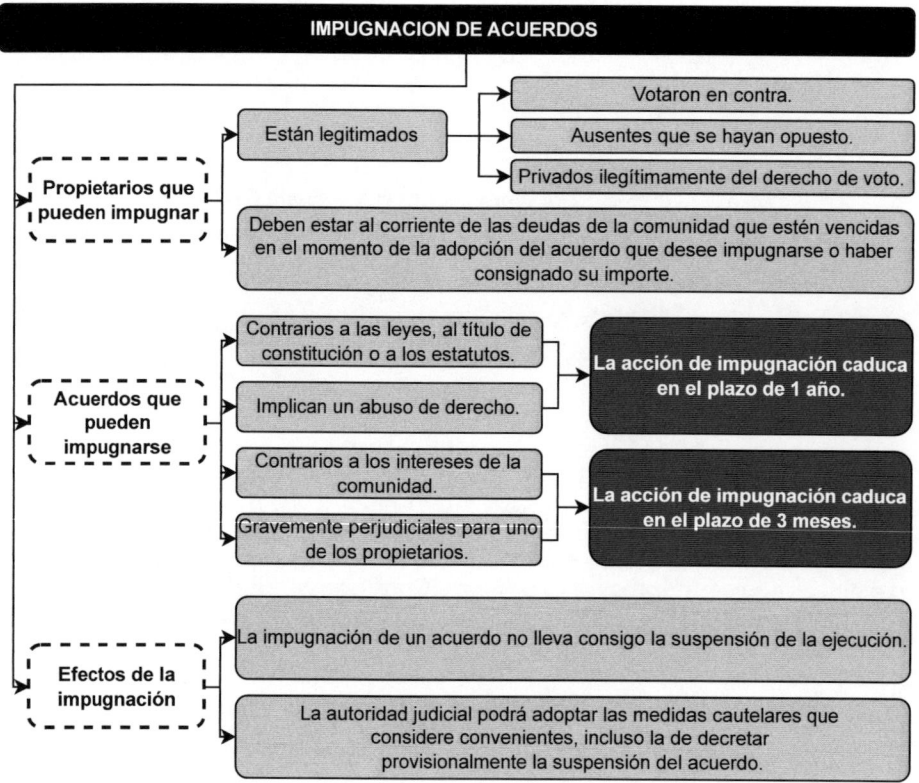

7.
PROPIEDAD HORIZONTAL SIMPLE

La Ley 5/2006, de 10 de mayo, del Libro Quinto del Código Civil de Cataluña (CCCat), relativo a derechos reales, dedica la sección segunda del capítulo III a la propiedad horizontal simple.

El CCCat realiza una distinción entre elementos privativos y elementos comunes, dedicando los artículos que van del 553-33 al 553-40 a los elementos privativos, y los artículos 553-41 al 553-47 a los elementos comunes.

Tal y como se recoge en la **sentencia del Tribunal Superior de Justicia de Cataluña n.º 59/2012, de 15 de octubre, ECLI:ES:TSJCAT:2012:10900**, en la propiedad horizontal confluyen la propiedad separada sobre un piso o local, con la copropiedad sobre los elementos comunes:

> «Esta clase especial de propiedad es, por tanto, fruto de la **unión inescindible de la propiedad separada de un piso o local y la copropiedad sobre los elementos comunes** de modo que ya se entienda como yuxtaposición de propiedades (así STS Sala Primera de 21-4-2004) ya como un único derecho de naturaleza especial y compleja (RDGRN de 19-4-2007 o 27-12-2010), tiene como **características relevantes**, entre otras, las siguientes: a) la fijación de una **cuota o coeficiente de participación** en relación con el total del inmueble que ha de servir de módulo de distribución de las cargas y los beneficios (art. 553.3 CCCat); b) la **inseparabilidad e indisponibilidad de la cuota sobre las partes en copropiedad** que en consecuencia solo podrán ser embargadas, gravadas o enajenadas juntamente con la parte privativa de la que las comunes son inseparables (art. 553-2); c) su **vocación de permanencia** por lo que no cabe acción de división ni utilización de los derechos de retracto a diferencia de la comunidad ordinaria (art. 553-1,2 c y STS 4-6-2004); d) un **cierto predominio de los intereses comunitarios** sobre los individuales del que son exponentes múltiples preceptos; e) la conformación de una **estructura orgánica propia** y específica para su protección y actuación en la vida jurídica (art. 553,1,2 b)».

7.1. Elementos privativos

Empieza el artículo 553-33 del Código Civil Catalán estableciendo que, en las comunidades de propietarios en Cataluña, únicamente podrán considerarse como elementos privativos de un inmueble las viviendas, locales y espacios físicos que puedan ser objeto de propiedad separada, y con acceso directo o indirecto a la vía pública, lo que conlleva la independencia funcional.

Es importante diferenciar la figura de los **elementos privativos de beneficio común**, que pueden serlo:

- Por disposición de la ley.
- Por el título constitutivo.
- Por acuerdo de la junta de propietarios.

Este tipo de elementos pertenecen a todos los propietarios en proporción a la cuota de participación, y no pueden separarse de la propiedad del elemento privativo concreto.

Por su parte, el art. 553-34.2 del Código Civil Catalán también recoge que tendrán este carácter de elemento privativo de beneficio común los elementos comunes desafectados por acuerdo de la junta de propietarios, salvo que se establezca otra cosa.

> **CUESTIÓN**
>
> **¿Por qué normas se rige la administración y disposición de un elemento privativo de beneficio común?**
>
> La administración y disposición de un elemento privativo de beneficio común se rige por las normas de la propiedad horizontal (art. 553-34.3 del Código Civil Catalán).

El Tribunal Superior de Justicia de Cataluña se ha pronunciado sobre este tipo de elementos en su sentencia, n.º 67/2021, de 28 de diciembre, ECLI:ES:TSJCAT:2021:12400, destacando que se trata de un supuesto de titularidad *ob rem*, es decir, que la titularidad sobre el bien está condicionada a la titularidad de la vivienda o local principal:

> «La norma transcrita permite una especial configuración sea en el título constitutivo o por decisión posterior de la junta de un elemento privativo de modo que se destine a un beneficio común. Se trata de los llamados **elementos procomunales que pertenecen de forma inseparable o bien a todos los propietarios de los elementos privativos o bien aquellos que se determine en el título de constitución.**
>
> Estas entidades deben tener independencia funcional, tener asignada su cuota en el inmueble y la descripción correspondiente, siendo oponible su estatuto privativo a terceros una vez inscrito en el Registro de la propiedad (art. 553-7, 553-9. 1 b) y 4). **La titularidad del elemento privativo en beneficio común no corresponde a la comunidad de propietarios sino a los propietarios que en cada momento lo sean de los elementos privativos a los**

que beneficia. **No se concibe que puedan atribuirse a personas ajenas a la comunidad** en tanto que, según la norma, sus titulares son los propietarios de los elementos privativos en proporción a su cuota y de forma inseparable de la propiedad de elemento privativo concreto excluyéndose igualmente la posibilidad de la acción de división (art. 553-1. 3 y 4 por analogía).

(...)

En los elementos procomunales como indica la Resolución de 19 junio. RJ 2020\3408 de la Dirección General de Seguridad Jurídica y Fe Pública en relación con el art. 4 de la LPH y con cita de otras anteriores:

"Existe vinculación ob rem entre dos (o más) fincas, cuando se da entre ellas un vínculo que las mantiene unidas, sin que pueda separarse la titularidad de las mismas, que han de pertenecer a un mismo dueño, por existir una causa económica y a la vez jurídica que justifique dicha conexión, como una cierta relación de destino, dependencia o accesoriedad e incluso de servicio (vid. Resolución de este Centro Directivo de 3 de septiembre de 1982 (RJ 1982, 5364). Esto supone que en los casos de titularidad ob rem se configura la titularidad dominical de una finca por referencia de la titularidad de otra, a la que está conectada. La consecuencia jurídica de ello es que los actos de transmisión y gravamen han de producirse sobre ambas fincas juntamente y no sobre una de ellas, y a favor de un mismo adquirente en tanto se mantenga dicha vinculación (Resolución de 28 de octubre de 2013 (JT 2014, 347)...

...la configuración jurídica de una finca registral con el carácter ob rem respecto de otras **tiene como consecuencia esencial que su titularidad viene determinada mediatamente por la titularidad de las fincas principales** al igual que ocurre con las servidumbres prediales; la titularidad de la finca ob rem corresponde, pues, a quien ostente la titularidad de la finca principal. Como se afirmaba en la Resolución de 29 de noviembre de 2007 (RJ 2007, 5673), los elementos vinculados son titularidades ob rem, que no pueden seguir un régimen jurídico distinto que el elemento principal al que están adscritos.

Por su parte, la Resolución de la Dirección General de Derecho y de Entidades Jurídicas de Cataluña, Resolución núm. 3472/2009 de 22 octubre, indica que:

"Los elementos privativos de beneficio común son una nueva categoría de elementos de la propiedad horizontal, configurados por el Libro V del Código civil de Cataluña. Encontramos una figura similar en los elementos que la doctrina denomina procomunales del artículo 4 de la Ley de propiedad horizontal. ...El artículo 553-34 del Código civil establece que son titulares de los elementos privativos de beneficio común los titulares de los otros elementos privativos en proporción a su cuota y de manera inseparable de la propiedad de su elemento privativo concreto".

Califica la inscripción en el Registro de la propiedad de los elementos privativos de beneficio como un **claro supuesto de titularidad ob rem de forma que sus titulares se determinan de forma mediata, por ostentar la titularidad de otro departamento del edificio»**.

El Código Civil de Cataluña recoge una mención especial a los **anexos**, considerados también como elementos privativos a todos los efectos, definiéndolos como espacios físicos o derechos vinculados de modo inseparable a un elemento privativo. Estos anexos no tienen atribuida una cuota especial (art. 553-35 del CCCat).

A TENER EN CUENTA. Antes de la entrada en vigor de la Ley 5/2015, de 13 de mayo, de modificación del libro quinto del Código Civil de Cataluña, relativo a los derechos reales, se incluía en el art. 553-35 del CCCat un apartado segundo que regulaba la posibilidad de limitar en los estatutos la cesión aislada del uso de los anexos consistentes en plazas de aparcamiento, boxes o trasteros. En la actualidad dicho apartado ha sido eliminado, no estando por tanto limitado el alquiler de los anexos.

En lo que respecta al **uso y disfrute de los elementos privativos** de las comunidades de propietarios en Cataluña, el art. 553-36 del CCCat dispone que los propietarios de elementos privativos podrán ejercer todas las facultades del derecho de propiedad, estableciendo como únicas restricciones aquellas derivadas del régimen de propiedad horizontal.

A la hora de realizar **obras de conservación y de reforma** en los elementos privativos el Código Civil Catalán parte de la libertad de los propietarios, estableciendo como requisitos:

- Que no perjudiquen a los demás propietarios.
- Que no perjudiquen a la comunidad.
- Que no disminuyan la solidez del inmueble.
- Que no disminuyan la accesibilidad del inmueble.
- Que no alteren la configuración o el aspecto exterior del conjunto.
- Que se comuniquen previamente a la presidencia o a la administración de la comunidad.

Cuando la obra implique una alteración de los elementos comunes se exige acuerdo de la junta de propietarios. Por norma general, cuando se produzca la alteración de los elementos comunes y no se hubiese obtenido el consentimiento, la comunidad podría exigir que los elementos comunes sean repuestos a su estado originario.

CUESTIÓN

¿Cómo debe ser el consentimiento de la comunidad a las obras?

La SAP Barcelona n.º 65/2022, de 23 de febrero, ECLI:ES:APB:2022:1590, hace alusión a las características de este consentimiento entendiendo que «(...) puede ser previo a la realización de las obras (es lo más idóneo) o posterior (convalidando las ejecutadas) y el mismo debe obtenerse por medio de un acuerdo de la Comunidad de acuerdo con las mayorías que son de aplicación de acuerdo con el art. 553-25 CCCat, salvo que impliquen una modificación del título constitutivo, ya que en tal caso es necesario que tal cambio se lleve a efecto lo que requiere de la unanimidad conforme a lo previsto en el art 553-26 CCCat». También se dice en la misma que «(...) para entender que existe consentimiento de la Comunidad de Propietarios a obras que pudieren afectar a elementos comunes, debe constar el mismo en los acuerdos de las Juntas de Propietarios».

Sobre estos requisitos y su alcance se ha pronunciado la sentencia de la Audiencia Provincial de Barcelona n.º 61/2022, de 21 de febrero, ECLI:ES:APB:2022:1690, en los siguientes términos:

> «De esta norma deriva que los propietarios de elementos privativos pueden realizar obras de conservación y reforma de los mismos, si bien las facultades de modificación o alteración del elemento privativo no pueden implicar perjuicio a la comunidad o al resto de propietarios, no pudiendo nunca disminuir la solidez del edificio, ni alterar la composición o el aspecto exterior del conjunto.
>
> La existencia de **perjuicio para el resto de propietarios** o para la comunidad debe ser real y efectivo debiéndose acreditar el mismo.
>
> La no afectación de la **solidez del edificio** trata de salvaguardar la seguridad del propio inmueble y por ello la de todos los copropietarios. Ello supone que no es posible realizar en ningún caso obras que afecten a los elementos arquitectónicos de sustentación del edificio, de forma que los forjados, vigas, cimientos y demás elementos análogos, al tener la consideración de estructurales no pueden alterarse, por comprometer directamente la seguridad del edificio.
>
> La **alteración de la composición o aspecto exterior del conjunto** es un aspecto respecto del que progresivamente se han ido perfilando los conceptos que lo integran, lo que requiere siempre el análisis del caso concreto, huyendo de normas generales, pues no se trata de un término absoluto, sino de contornos flexibles en función de las circunstancias, debiendo estarse a su importancia o trascendencia, así como a la situación o estado exterior de cada inmueble.
>
> En todo caso, los propietarios, con carácter previo a la realización de obras en su elemento privativo, lo han de **comunicar al presidente** o a la administración de la comunidad.
>
> Para el caso en la obra en un elemento privativo comporte alteración de elementos comunes (para lo que hay que estar a la realidad material de la obra a realizar y al concepto de elemento común), es necesario un **acuerdo de la Comunidad** de acuerdo con las mayorías que son de aplicación de acuerdo con el art. 553-25 CCCat.
>
> La aprobación de la Comunidad ha de ser previa a la realización de las obras, si bien cabe considerar que no existe problema en que ello se convalide a posteriori (se entiende además prestado si la existencia de estas obras es notoria y la comunidad no ha mostrado oposición en el plazo de seis años desde que finalizaron).
>
> **Tal acuerdo de la Junta de Propietarios solo puede darse en los casos en los que la obra altere elementos comunes, no en aquellos supuestos en que se disminuya la solidez del edificio** como antes se ha indicado.
>
> No obstante lo anterior, en los supuestos en los que la actuación derivada de las obras vaya más allá de una alteración de elementos comunes, hasta el punto de comportar una **ocupación o apropiación** de los mismos, dado que ello **implica una modificación del título constitutivo** (cambia la descripción de los elementos comunes y el régimen de cuotas), se considera aún cuando siempre es posible que la Comunidad las autorice, ello no obstante el acuerdo de la Junta de Propietarios no basta que reúna las

mayorías del art 553-25 CCCat, sino que es necesario que se siga el régimen previsto para la modificación del título, lo que solo se puede llevar a cabo 553-26 por unanimidad CCCat.

De no tener amparo las obras en los supuestos anteriores (entre los que están el no haberse obtenido la autorización de la Comunidad conforme al régimen de mayorías que se acaba de exponer), debe procederse a la **demolición de lo construido**».

Como especificidad del CCCat se recogen unos requisitos para entender concedido el **consentimiento tácito**, que se entenderá otorgado cuando:

- La ejecución de las obras es notoria.

- No disminuye la solidez del edificio.

- No supone la ocupación de elementos comunes.

- No supone la constitución de nuevas servidumbres.

- La comunidad no se ha opuesto en el plazo de caducidad de 4 años desde la finalización de las obras.

A TENER EN CUENTA. Antes de la última reforma llevada a cabo por la Ley 5/2015, de 13 de mayo, de modificación del libro quinto del Código civil de Cataluña, relativo a los derechos reales, en vigor desde el 20 de junio de 2015, el plazo de la comunidad para oponerse a las obras realizadas era de 6 años.

Cabe citar aquí la **sentencia de la Audiencia Provincial de Barcelona n.º 186/2022, de 8 de abril, ECLI:ES:APB:2022:3987**, que realiza un estudio de esta figura analizando la doctrina del Tribunal Supremo al respecto:

«En materia de consentimiento tácito de la Comunidad de Propietarios de un edificio en régimen de propiedad horizontal frente a las alteraciones que los diversos copropietarios puedan acometer de los elementos comunes, ha venido siendo doctrina del Tribunal Supremo contenida en las Sentencias núm. 993/2008, de 5 de noviembre (RJ 2008, 5897)(FD2), 564/2009, de 16 de julio (RJ 2009, 4476) (FFDD2 - 3), 808/2010, de 26 de noviembre (RJ 2011, 1314)(FD5), 465/2011, de 5 de julio (RJ 2011, 4999) (FD3), y 135/2012, de 29 de febrero (RJ 2012, 4996) (FD4), citadas por la Sentencia del Tribunal Superior de Justicia de Cataluña de 31 de octubre de 2012 (RJA 11183/2012):

1.- que, **en general, la realización de obras que afectan a elementos comunes exige** para su validez el **consentimiento unánime** de la comunidad (SSTS 1.ª 564/2009 FD2 y 465/2011 FD3);

2.- que **el consentimiento** de la comunidad necesario para considerar lícitamente realizadas las obras que afectan a elementos comunes en edificios sometidos al régimen de propiedad horizontal puede ser tácito (SSTS 1.ª 993/2008 FD2, 564/2009 FD3, 808/2010 FD5, 465/2011 FD3 y 135/2012 FD4);

3.- que, en principio, **el conocimiento no equivale a consentimiento** como exteriorización de una voluntad, ni el silencio supone una declaración genérica en la que se pueda encontrar justificación para no obtener los consentimientos legalmente exigidos (SSTS 1.ª 808/2010 FD5 y 135/2012 FD4);

4.- que, de todas formas, **ha de estarse a los hechos concretos para decidir si el silencio puede ser apreciado como consentimiento** tácito o manifestación de una determinada voluntad, por lo que, para poder establecer si en un determinado supuesto se ha producido un silencio por parte de la comunidad de propietarios capaz de ser interpretado como un consentimiento tácito, deberán valorarse las relaciones preexistentes entre las partes, la conducta o comportamiento de éstas y las circunstancias que preceden y acompañan al silencio susceptible de ser interpretado como asentimiento (SSTS 1.ª 808/20120 FD5, 465/2011 FD3 y 135/2012 FD4); y

5.- que, en este sentido, **cabe interpretar como consentimiento (tácito) la inactividad de la Comunidad de Propietarios** y de los propios integrantes de la misma cuando, siendo conocedores de la realización de obras que hubieran requerido el consentimiento unánime de todos ellos, se han mantenido en silencio durante un largo periodo de tiempo (SSTS 1.ª 993/2008 (RJ 2008, 5897) FD2 y 564/2009 FD2).

(...)

En este sentido, el artículo 553. 36, en el apartado 3, en la redacción original del Libro Quinto del Código Civil de Cataluña, en la redacción de la Ley 5/2006, de 10 de mayo; o en el apartado 4, en la redacción de la Ley 5/2015, de 13 de mayo, permiten el ejercicio de las acciones para la reposición al estado originario de los elementos comunes alterados cuando la Comunidad de Propietarios haya "mostrado oposición", o se haya "opuesto", lo cual **significa que haya manifestado su voluntad contraria a la alteración, mediante la adopción del correspondiente acuerdo, y su comunicación al demandado**».

Resulta aplicable en estos casos de obras inconsentidas la figura del abuso del derecho, en el sentido de estar prohibido el uso de la norma con mala fe, en perjuicio de otros copropietarios, sin obtener un beneficio propio. Un ejemplo lo encontramos en la **sentencia de la Audiencia Provincial de Barcelona, n.º 116/2022, de 11 de marzo, ECLI:ES:APB:2022:2860**, que recoge que:

«Sobre la base de que las obras ejecutadas por la demandada son ilegales, al haberse ejecutado alterando elementos comunes y sin acuerdo de la junta de propietarios, conforme a lo dispuesto en el artículo 553. 36.3 del CcC, pretende la Comunidad, como consecuencia de dicha declaración, al amparo del artículo 553.36.4 que señala "La comunidad puede exigir la reposición al estado originario de los elementos comunes alterados sin su consentimiento" la reposición de las mismas, dejando los elementos afectados en el mismo estado que tenían antes de su ejecución.

Frente a dicha pretensión, la otra línea defensiva de la parte demandada, además de la señalada anteriormente, es que en el edificio se han llevado a cabo, a lo largo del tiempo, numerosas modificaciones sin que la comunidad las haya impedido, y de ahí la imputación de abuso de derecho y discriminación con que califica la conducta de la comunidad. Además considera que el derribo de las obras y la reposición de los elementos a su estado anterior en nada beneficia a la comunidad, más bien al contrario, supondría un perjuicio para la misma a efectos de seguridad, sin que por tanto esté legitimada la actora para ejercitar la acción interpuesta.

En materia de propiedad horizontal, **el abuso de derecho, se traduce en el uso de una norma, por parte de la comunidad o de un propietario, con mala fe, en perjuicio de otro u otros copropietarios, sin obtener con ello un beneficio propio.** En definitiva la actuación calificada como abusiva no debe fundarse en una justa causa.

Respecto a la primera cuestión, aunque es cierto, como dicen las STS-JC 39/14, 5 de junio Jurisprudencia citada STSJ, Sala de lo Civil y Penal, Cataluña, Sección 1.ª, 05-06-2014 (rec. 17/2012) y 18/19, 7 marzo, Jurisprudencia citada STSJ, Sala de lo Civil y Penal, Cataluña, Sección 1.ª, 07-03-2019 (rec. 176/2018) que uno de los principios en que debe descansar la actuación de la comunidad (para no caer en conductas arbitrarias, que deslegitimarían su proceder) es el de la **igualdad de trato,** de tal modo que no puede responder a peticiones iguales con respuestas distintas, ignorándose si las obras referidas, que no consta sean de la misma naturaleza que las ejecutadas por la demandada, fueron o no autorizadas por la comunidad, dicha alegación no puede fundamentar una actuación abusiva por parte de la comunidad al ignorarse las circunstancias en que se ejecutaron tales obras.

La resolución sobre la ilegalidad de las obras por inconsentidas y su consiguiente derribo debe analizarse desde la perspectiva del abuso del derecho en el ámbito de la propiedad horizontal, debiendo tener en consideración si la comunidad obtiene o no algún beneficio de su reposición, así como el hecho de que la demandada, pudiera creer que, motivada la actuación del Ayuntamiento, y la consiguiente ejecución de las obras que impuso el mismo, por la denuncia de la Comunidad de Propietarios, que existía un consentimiento o autorización a la ejecución de dichas obras por parte, precisamente, de quien las había motivado».

Cuando la obra consista en la instalación de un **punto de recarga individual de vehículo eléctrico**, el CCCat recoge que solo es preciso enviar a la presidencia o a la administración:

1. El proyecto técnico, en el plazo de 30 días antes del inicio de las obras.

2. La certificación técnica correspondiente, una vez finalizada la instalación.

La comunidad tiene reconocida la facultad de proponer una alternativa razonable, dentro del plazo anteriormente citado, pero si en el plazo de 2 meses no se hace efectiva la instalación alternativa, el propietario interesado podrá ejecutar la instalación proyectada inicialmente.

A TENER EN CUENTA. El Real Decreto 1053/2014, de 12 de diciembre, por el que se aprueba una nueva Instrucción Técnica Complementaria (ITC) BT 52 «Instalaciones con fines especiales. Infraestructura para la recarga de vehículos eléctricos», del Reglamento electrotécnico para baja tensión, aprobado por Real

---

Decreto 842/2002, de 2 de agosto, y se modifican otras instrucciones técnicas complementarias del mismo, regula las dotaciones mínimas de infraestructura de recarga de vehículos eléctricos que deben de tener los edificios de nueva construcción. Este ha sido modificado por el Real Decreto 450/2022, de 14 de junio, por el que se modifica el Código Técnico de la Edificación, aprobado por el Real Decreto 314/2006, de 17 de marzo.

En cuanto a la **disposición de los elementos privativos**, el Código Civil Catalán en su art. 553-37 regula que los propietarios podrán:

- Modificar.
- Enajenar.
- Gravar.
- Realizar todo tipo de actos de disposición.

Es decir, existe una libertad a la hora de llevar a cabo actos de disposición sobre los bienes privativos, estableciéndose una serie de particularidades.

La primera de ellas se refiere a las servidumbres establecidas en beneficio de otras fincas, que se extinguirán en caso de destrucción o derribo del edificio.

La segunda particularidad se refiere a los arrendamientos o cualquier otra transmisión del disfrute del elemento privativo, disponiendo el CCCat que en estos casos los propietarios son responsables de las obligaciones derivadas del régimen de propiedad horizontal, tanto ante la comunidad como ante terceras personas.

También se recoge en el CCCat que el que enajene un elemento privativo debe comunicar el cambio de titularidad a la comunidad, en concreto a la secretaría de la misma, especificando que mientras no realice la comunicación, responderá solidariamente de las deudas con la comunidad (art. 553-37.3 del CCCat).

Hay que tener en cuenta que los elementos privativos están afectados con carácter real y responden del pago de los importes que deben los titulares, así como los anteriores titulares, por razón de los gastos comunes, ordinarios o extraordinarios, y por el fondo de reserva, que correspondan a la parte vencida del año en curso y a los cuatro años inmediatamente anteriores, contados del 1 de enero al 31 de diciembre, sin perjuicio, si procede, de la responsabilidad de quien transmite (art. 553-5.1 del Código Civil Catalán).

El hecho de convivir en una comunidad de propietarios además de derechos implica también una serie de **obligaciones**, recogiéndose en el art. 553-38 del CCCat la obligación de conservar en buen estado los elementos privativos, y de mantener los servicios e instalaciones que se ubiquen en ellos.

Esta obligación en ocasiones entra en colisión con el art. 553-44 del mismo cuerpo legal, que establece la obligación de la comunidad de conservar los elementos comunes del inmueble, ya que se plantea la cuestión de quien debe de llevar a cabo las reparaciones, y asumir la responsabilidad en el caso de los elementos comunes que tienen atribuido un uso privativo. Como regla general en estos casos a la comunidad le corresponde asumir las obras y reparaciones no derivadas del uso ordinario cuando no intervenga el dolo del beneficiario del uso privativo, mientras que el propietario que disfruta del uso del bien debe asumir el mantenimiento ordinario derivado del uso normal del elemento.

Un ejemplo lo encontramos en la **sentencia de la Audiencia Provincial de Tarragona n.º 51/2018, de 6 de febrero, ECLI:ES:APT:2018:73,** que con relación a una terraza comunitaria de uso privativo se discute si la reparación de la misma debe ser asumida por los propietarios que tienen el disfrute de la misma (en virtud del art. 553-38 del CCCat) por no haber realizado las tareas de mantenimiento y conservación necesarias, o por el contrario si deben ser llevadas a cabo por la comunidad (atendiendo al art. 553-44 del CCCat). En el caso concreto, tras analizar los informes periciales concluye la sala que la reparación debe ser asumida por la comunidad dado que trae causa de defectos constructivos, siendo la falta de mantenimiento poco determinante en este caso.

Existe otra obligación recogida en el art. 553-39 del CCCat consistente en el deber de soportar las restricciones imprescindibles en los elementos privativos, ya sea en beneficio de otros, o en beneficio de la propia comunidad, para hacer las obras de conservación y mantenimiento tanto de los elementos comunes como de los demás elementos privativos, fijando como requisito que no haya otra forma de hacer las citadas obras, o si la hay, que esta sea desproporcionadamente cara o gravosa.

Continúa el artículo estableciendo una distinción entre las **servidumbres** que puede exigir la comunidad y las que pueden exigir los propietarios. Así, la comunidad puede exigir la constitución de servidumbres permanentes sobre los anexos de uso privativo cuando sean indispensables tanto para la ejecución de los acuerdos de la junta de propietarios de supresión de las barreras arquitectónicas o de mejora, como para el acceso a elementos comunes que no tengan otro. Por su parte, los propietarios de elementos privativos también podrán exigir la constitución de servidumbres, permanentes o temporales, imprescindibles para hacer las obras de conservación y de acceso a redes generales de suministros de servicios.

Con relación al carácter indispensable que debe tener la servidumbre, podemos citar la **sentencia de la Audiencia Provincial de Barcelona, n.º 605/2018, de 24 de octubre, ECLI:ES:APB:2018:10360,** que afirma: «En consecuencia, para determinar cuando deba considerarse indispensable la constitución de una servidumbre de ascensor sobre un elemento privativo que no constituya vivienda en sentido estricto **será preciso valorar razonadamente, además de la viabilidad técnica de las diversas soluciones propuestas y de sus respectivos costes económicos, todos los perjuicios transitorios y permanentes que para la Comunidad, para todos y cada uno los propietarios** que la integren **y para el propietario directamente afectado por la servidumbre pueda comportar la constitución de esta,** especialmente los que puedan incidir negativamente en la supresión efectiva de las barreras arquitectónicas existentes en la finca de que se trate, de manera que, solo cuando la valoración conjunta de todos los factores apunte de manera clara e inconcusa hacia la necesidad de constituir la servidumbre de ascensor, deberá darse lugar a ella (...)».

CUESTIÓN

¿Los afectados por la servidumbre tienen derecho a algún tipo de compensación?

Sí, los titulares de las servidumbres deben compensar los daños y el menoscabo que causen tanto en los elementos privativos como en los elementos comunes afectados (art. 553-39.3 del CCCat). A pesar de que el legislador no especificó cuáles son los criterios que deben tenerse en cuenta a la hora de fijar la compensación, los tribunales han tenido en cuenta parámetros tales como las molestias que pueda acarrear la servidumbre, el destino del elemento afectado por la servidumbre, la disminución de valor que puede sufrir el elemento privativo... A modo de ejemplo cabe citar la **sentencia de la Audiencia Provincial de Barcelona n.º 18/2015, de 21 de enero, ECLI:ES:APB:2015:1065**, que establece: «(...) la instalación del servicio de ascensor en una finca que careciese de él permite, igualmente, la constitución de una servidumbre con la oportuna indemnización de daños y perjuicios aunque implique la ocupación de parte del elemento privativo anexo o accesorio a una vivienda que viniera determinado como tal en el título de constitución, siempre que el gravamen no suponga una pérdida intolerable de funcionalidad o económica del mismo ponderadas racionalmente las circunstancias del caso y los intereses en juego».

Cabe mentar aquí la sentencia del Tribunal Superior de Justicia de Cataluña n.º 15/2012, de 20 de febrero, ECLI:ES:TSJCAT:2012:1948, que enumera los requisitos de las servidumbres en los siguientes términos:

«Conviene precisar, no obstante, que la constitución de la servidumbre requiere conforme a la normativa catalana:

a) Que la instalación del servicio que constituya una mejora haya sido **acordada por la Junta** con el quórum debido.

b) **Que no exista otra forma de implementar la mejora**. Se trata éste de un requisito general en toda constitución de servidumbre forzosa sujeta a los dictámenes técnicos que al efecto se emitan.

c) Como se ha dicho, la constitución de la servidumbre **no debería suponer una privación total del elemento de uso privativo** ya que la servidumbre (art. 566-1-1 CCCat) es un derecho real que grava parcialmente una finca en beneficio de otra.

d) **El elemento afectado debe ser distinto de la vivienda en sentido estricto**. Por tanto puede constituirse la servidumbre en locales, aparcamientos, terrazas o patios incluso de uso privativo si se dan los restantes requisitos.

e) Debe procederse a **abonar la indemnización procedente** según el 553-39.4, que comprende los daños y perjuicios que se causen.

También el Tribunal Supremo ha venido entendiendo, en Sentencias de 18-12-2008; 15 y 22 diciembre 2010 y 10-10-2011, que **resulta compatible el derecho de servidumbre con la ocupación parcial de un elemento privativo** con el fin de instalar un ascensor pronunciándose claramente a favor de que la instalación de un ascensor en una comunidad de vecinos que carece de este servicio, considerado como de interés general, permite la constitución de una servidumbre para tal fin, incluso cuando suponga la ocupación de parte de un espacio privativo, siempre que concurran las mayorías exigidas legalmente para la adopción de tal acuerdo.

De igual forma establece que la servidumbre **no puede suponer una privación del derecho de propiedad al extremo de suponer una pérdida de habitabilidad y funcionalidad** de su espacio privativo».

A TENER EN CUENTA. Tras la modificación realizada por la Ley 5/2015, de 13 de mayo, de modificación del libro quinto del Código Civil de Cataluña, relativo a los derechos reales, en vigor desde el 20 de junio de 2015, ya no se habla de vivienda estricta, si no de anexos de los elementos de uso privativo, impidiendo que las servidumbres puedan privar de utilidad no solo a las viviendas sino a los locales de negocio u otros usos distintos de vivienda.

Ya para finalizar con el bloque de artículos dedicados a los elementos privativos, el art. 553-40 del CCCat aborda el tema de las prohibiciones y restricciones de uso de los elementos privativos y comunes, es decir, se recoge en este punto la conocida como **acción de cesación**.

A TENER EN CUENTA. El artículo 553-40 del CCCat se ha visto modificado en sus apartados 1 y 2 por la Ley 1/2023, de de 15 de febrero, con entrada en vigor el 18/2/2023.

El punto de partida de esta acción es la prohibición de propietarios y ocupantes de realizar, en los elementos privativos y en el resto del inmueble, actividades o actos que:

- Sean contrarios a la convivencia normal en la comunidad.
- Que dañen o hagan peligrar el inmueble.
- Que se encuentren excluidas o prohibidas de forma expresa en los estatutos, en la normativa urbanística o en la ley.

En estos casos el presidente de la comunidad por iniciativa propia o por petición de una cuarta parte de los propietarios, debe de requerir fehacientemente a quien esté realizando las actividades o los actos mencionados para que deje de hacerlos, y cuando el infractor persista, la junta de propietarios estará facultada para ejercer contra los propietarios y ocupantes la acción para hacerla cesar.

Como requisito procedimental se establece que a la demanda deben de acompañarse el requerimiento de cese y el certificado del acuerdo de la junta de propietarios facultativo para el ejercicio de acciones judiciales.

CUESTIÓN

¿Cabe la adopción de medidas cautelares en la acción de cesación?

Sí, el CCCat recoge que, una vez presentada la demanda, la autoridad judicial debe adoptar las medidas cautelares que considere convenientes, destacando el cese inmediato de la actividad prohibida.

En caso de ocupación sin título habilitante, la acción puede ejercerse contra los ocupantes, aunque no se conozca su identidad. Si las actividades o los actos contrarios a la convivencia o que dañen o hagan peligrar el inmueble los hacen los ocupantes del elemento privativo ilegítimamente y sin la voluntad de los propietarios, la junta de propietarios puede denunciar los hechos al ayuntamiento de su municipio a fin de que inicie, previo expediente acreditativo de que se han producido efectivamente las actividades o los actos prohibidos, el procedimiento establecido por el artículo 44 bis de la Ley 18/2007, de 28 de diciembre, del derecho a la vivienda. (**Novedad introducida por la Ley 1/2023, de 15 de febrero**, de modificación de la Ley 18/2007, del derecho a la vivienda, y del libro quinto del Código civil de Cataluña, relativo a los derechos reales, en relación con la adopción de medidas urgentes para afrontar la inactividad de los propietarios en los casos de ocupación ilegal de viviendas con alteración de la convivencia vecinal, con entrada en vigor el 18/2/2023).

La comunidad tiene derecho a solicitar:

- El cese de la actividad prohibida.

- La indemnización por los perjuicios que se le causen.

- La privación del uso y disfrute del elemento privativo, cuando las actividades prohibidas continúan, durante un período no superior a dos años.

- Cuando las actividades sean realizadas por los ocupantes, no propietarios, también podrá solicitarse la extinción del contrato de arrendamiento o de cualquier otro que atribuya a los ocupantes un derecho sobre el elemento privativo.

> **A TENER EN CUENTA.** La acción de cesación aparece también regulada en el art. 7.2 de la Ley 49/1960, de 21 de julio, sobre propiedad horizontal.

7.2. Elementos comunes

El Código Civil Catalán dedica los artículos que van del 553-41 al 553-47 a regular los elementos comunes en las comunidades de propietarios. En concreto, el artículo 553-41 del CCCat realiza una enumeración de elementos que son considerados como comunes:

- El solar.

- Los jardines.

- Las piscinas.

- Las estructuras.

- Las fachadas.

- Las cubiertas.

- Los vestíbulos.
- Las escaleras.
- Los ascensores.
- Las antenas.

Para finalizar, añade una cláusula de cierre con la que se incluyen las instalaciones y los servicios de elementos privativos que se destinan al uso comunitario o a facilitar el uso y disfrute de dichos elementos privativos.

Tal y como se recoge en la **sentencia del Tribunal Superior de Justicia de Cataluña n.º 20/2011, de 12 de mayo, ECLI:ES:TSJCAT:2011:8393**: «El artículo 553-41 CCCat define los elementos comunes tanto en **forma ejemplificativa**, como mediante una cláusula residual».

CUESTIÓN

¿Una pared construida por un propietario en una terraza comunitaria de uso privativo tiene la consideración de comunitaria?

Sí, tal y como se recoge en la sentencia de la Audiencia Provincial de Barcelona n.º 120/2020 de 3 de junio, ECLI:ES:APB:2020:4420, en un supuesto en el que un propietario coloca una puerta en una pared situada en una terraza de la que tenía el uso privativo, recoge que: «(...) versando el objeto del presente litigio sobre una pared existente en la terraza que corona el edificio de autos, que no deja ser más que una cubierta practicable, resulta indiscutible su condición de elemento común con independencia de que dicha pared venga reflejada en el titulo constitutivo e inclusive de quien la hubiera construido atendida la regla de que lo accesorio sigue a lo principal y, por consiguiente, siendo comunitaria la cubierta, comunitaria será también cualquier pared divisoria que sobre la misma pueda levantarse sin perjuicio de las indemnizaciones que en su caso correspondan (art. 542-1 CCCat) (...)». En el supuesto concreto entiende la sala que a pesar de que los demandados consideran que no se causaba perjuicio alguno a la comunidad o al resto de propietarios, lo cierto es que la colocación de una puerta reporta a la recurrente una ventaja inmerecida que no encuentra justificación ni en el título constitutivo ni en acuerdos de la junta de propietarios.

Con relación al uso y disfrute de los elementos comunes, el CCCat dispone que el mismo corresponde a todos los propietarios de elementos privativos, debiendo adaptarse al destino establecido por los estatutos o al que resulte normal y adecuado a su naturaleza, fijando como límite que no se perjudique el interés de la comunidad.

Se recoge también una particularidad para cuando la junta acuerde llevar a cabo instalaciones para la eficiencia energética o hídrica o de sistemas de energía renovable para el uso comunitario en elementos comunes donde existan instalaciones o sistemas de utilidad particular previamente autorizados, estableciendo que cuando estas sean incompatibles con el nuevo acuerdo, la comunidad debe asumir la remoción e indemnizar los daños que esta comporte al propietario (art. 553-42.2 del CCCat).

A TENER EN CUENTA. El art. 553-42 ha sido modificado por el **Decreto Ley 28/2021, de 21 de diciembre, de modificación del libro quinto del Código Civil de Cataluña**, con el fin de incorporar la regulación de las instalaciones para

---

la mejora de la eficiencia energética o hídrica y de los sistemas de energías renovables en los edificios sometidos al régimen de propiedad horizontal, y de modificación del Decreto-ley 10/2020, de 27 de marzo, por el que se establecen nuevas medidas extraordinarias para hacer frente al impacto sanitario, económico y social de la COVID-19, en el ámbito de las personas jurídicas de derecho privado sujetas a las disposiciones del derecho civil catalán, en vigor desde 23 de diciembre de 2021, añadiendo el apartado segundo en el que se recoge la obligación de la comunidad de asumir la remoción e indemnizar los daños cuando se acuerde llevar a cabo instalaciones para una mejor eficiencia energética o instalar sistemas de energía renovable en elementos comunes, y estas impliquen la retirada de instalaciones particulares previamente autorizadas. Tal y como se explica en la exposición de motivos de la mentada ley «(...) si el acuerdo de la junta para instalar infraestructuras o equipos con la finalidad de mejorar la eficiencia energética o hídrica o sistemas de energía renovable de uso comunitario es incompatible con instalaciones o sistemas de utilidad particular previamente autorizadas. En este caso, el interés de la comunidad en el uso del elemento común propiamente dicho es prevalente, aunque la comunidad tiene que hacerse cargo de la remoción de las instalaciones o sistemas y de indemnizar el daño que esta comporte al propietario».

Mención aparte merecen los **elementos comunes de uso exclusivo**. El CCCat se refiere a ellos en el art. 553-43, que dispone que ya sea en el título constitutivo, o mediante acuerdo unánime de la junta, puede vincularse el uso exclusivo de patios, jardines, terrazas, cubiertas del inmueble u otros elementos comunes, a uno o varios elementos privativos.

> **CUESTIÓN**
>
> **¿La vinculación del uso de un elemento común a uno o varios elementos privativos conlleva que se transforme en elemento privativo?**
>
> No, el propio art. 553-43.1 del CCCat recoge que esta vinculación no los hace perder la naturaleza de elemento común.

Es importante tener en consideración que «(...) los derechos de disfrute tienden a atribuir al titular las máximas posibilidades de utilización y las restricciones a las facultades de uso han de interpretarse limitadamente y no pueden suponer una alteración del título constitutivo sin modificación de éste con las mayorías exigidas legalmente» **(SAP Barcelona n.° 476/2018, de 23 de julio, ECLI:ES:APB:2018:7072)**.

Decidir quién debe asumir los gastos que generan estos elementos comunes de uso exclusivo es una importante fuente de conflictos en las comunidades de propietarios. La Ley 5/2006, de 10 de mayo, diferencia entre los que deben asumir los propietarios de los elementos privativos que disfrutan del uso exclusivo, y los que corresponden a la comunidad de propietarios:

- Corresponden a los propietarios de los elementos privativos que tienen el uso y disfrute exclusivo todos aquellos gastos de conservación y mantenimiento, teniendo estos la obligación de conservar adecuadamente los citados elementos y mantenerlos en buen estado.

- Corresponde a la comunidad de propietarios asumir las reparaciones que se deben a vicios de construcción o estructurales, ya sean originarios o sobrevenidos. También serán a cargo de la comunidad las reparaciones que afectan y benefician a todo el inmueble. Se establece una excepción para cuando estas reparaciones sean consecuencia de un mal uso o de una mala conservación.

La **sentencia de la Audiencia Provincial de Barcelona n.º 476/2018, de 23 de julio, ECLI:ES:APB:2018:7072,** así lo refleja: «en este caso los propietarios de los elementos privativos que tienen el uso y goce exclusivo de los elementos comunes, asumen sus gastos ordinarios de conservación y mantenimiento y tienen la obligación de conservarlos adecuadamente y mantenerlos en buen estado. Los gastos estructurales, de refacción y los demás gastos extraordinarios son comunes».

También la **sentencia de la Audiencia Provincial de Girona n.º 228/2019, de 6 de junio, ECLI:ES:APGI:2019:737,** con relación a un tubo extractor que tiene como destino facilitar el uso del local privativo de los demandados, al que en principio se atribuye la condición de elemento común de uso privativo, establece que:

> «Luego siendo la causa de las filtraciones una deficiente conservación o mantenimiento del tubo, elemento común de uso privativo de los propietarios del local al cual sirve, según el citado precepto, a estos corresponde la obligación de conservarlos y mantenerlos en buen estado, así como asumir los gastos que ello conlleve.
>
> El origen de los daños no está en vicios de construcción o estructurales ni en las reparaciones que afectan a todo el inmueble, que correrían a cargo de la comunidad, sino en una mala conservación del tubo extractor, que se solventó mediante el sellado llevado a cabo por la Comunidad de Propietarios.
>
> Siendo por tanto una obligación de los titulares del local al que sirve con carácter exclusivo el referido tubo, su mantenimiento y conservación, no hay motivo para imputar la responsabilidad de la Comunidad de Propietarios en los daños derivados de las filtraciones provocadas a la actora como consecuencia de la falta de conservación y mantenimiento de la conducción de humos».

El Decreto-Ley 28/2021, de 21 de diciembre, de modificación del libro quinto del Código Civil de Cataluña, que entró en vigor el 23 de diciembre del 2021, introduce un nuevo apartado 3 en el art. 553-43 del CCCat, que tal y como se explica en la exposición de motivos «tiene por objeto regular la posibilidad que tienen los propietarios que disponen del uso exclusivo de elementos comunes para instalar infraestructuras o equipos de utilidad particular con la finalidad de mejorar la eficiencia energética o hídrica o de sistemas de energías renovables en dichos elementos comunes de uso exclusivo. Los propietarios interesados en promover estas instalaciones o sistemas en beneficio particular tienen la obligación de presentar el proyecto técnico a la presidencia o administración, en un plazo de treinta días antes del inicio de las obras. En este caso, por lo tanto, no hace falta un acuerdo previo por parte de la junta. La puesta a disposición del proyecto técnico ya proporciona información suficiente para que la comunidad pueda proponer, si lo considera adecuado, una alternativa que no comporte a quien lo promueve un incremento económico sustancial respecto del proyecto técnico que ha presentado. Los costes de dichas instalaciones y su mantenimiento son exclusivamente de los propietarios que se benefician de ellas. Con la voluntad de impulsar estos tipos de instalaciones, se adopta el mismo protocolo de actuaciones establecido por el artículo 553-36.3 respecto de la instalación de puntos de carga individual de vehículos eléctricos».

> **CUESTIÓN**
>
> **¿Qué ocurre cuando la junta de propietarios no realiza ninguna alternativa al proyecto técnico presentado?**
>
> En estos casos, a falta de alternativa, los propietarios pueden llevar a cabo las obras o instalaciones conforme al proyecto presentado.

Por su parte, la comunidad de propietarios posee como **obligación la de conservar** los elementos comunes del inmueble (art. 553.44 del Código Civil Catalán). Esta obligación se concreta en cumplir las siguientes condiciones:

- Estructurales.
- De habitabilidad.
- De accesibilidad.
- De estanquidad.
- De seguridad.
- De eficiencia energética o hídrica.
- Mantener en funcionamiento correcto los servicios y las instalaciones.

Para ello los propietarios tienen que asumir las obras de conservación y reparación necesarias.

> **A TENER EN CUENTA.** Desde la entrada en vigor del Decreto Ley 28/2021, de 21 de diciembre (el 23/12/2021) se recoge una particularidad en el apartado segundo del art. 553-44 del CCCat según la cual los propietarios que se benefician de la instalación de infraestructuras o equipos de mejora energética o hídrica o de sistemas de energías renovables situadas en elementos comunes, incluidos los de uso exclusivo, tendrán ellos la obligación de asumir la conservación y el mantenimiento en su totalidad.

La **contribución al pago de los gastos comunes** (art. 553-45 del CCCat) se hará en función de la cuota de participación que tenga asignada cada propietario, o de acuerdo con las especialidades fijadas en el título de constitución, los estatutos o los acuerdos de la junta. Por su parte, la contribución al pago de determinados gastos sobre los que los estatutos establecen cuotas especiales diferentes a las de participación, como por ejemplo escaleras diferentes, piscinas o zonas ajardinadas, se hará de acuerdo con la cuota específica.

> **CUESTIÓN**
>
> **¿La falta de uso de un elemento común puede eximir de la obligación de contribuir a los gastos?**
>
> No, la falta de uso y disfrute de un elemento común como norma general no exime de la obligación de sufragar los gastos que derivan de su mantenimiento, con las excepciones de que así se establezca en los estatutos, que únicamente podrán referirse a servicios o elementos especificados de forma concreta, o que tal y como se recoge en el art. 553-30.2 del CCCat, estemos ante un supuesto de nuevas instalaciones o nuevos servicios comunes que no sean exigibles de acuerdo con la ley, y su valor total supone un gasto superior a la cuarta parte del presupuesto anual vigente.

El **Tribunal Superior de Justicia de Cataluña, en su sentencia n.º 20/2011, de 12 de mayo, ECLI:ES:TSJCAT:2011:8393,** ya resumía la contribución a los gastos comunes de la siguiente manera:

> «El régimen de pago de los gastos de mantenimiento de los elementos comunes ordinarios, esto es, los no vinculados a algunos elementos privativos, se rigen por lo dispuesto en el art. 553-44 y 45, conforme a los cuales es obligación de todos los propietarios hacerse cargo de los gastos que comporten de acuerdo con la cuota de participación conforme a las especialidades que se fijen en el título constitutivo y en los estatutos, sin que la falta de uso y disfrute de elementos comunes concretos exima de la obligación de sufragar los gastos que se deriven de su mantenimiento, salvo que en los Estatutos se prevea lo contrario respecto de servicios o elementos, también especificados de manera concreta».

Se regula la posibilidad de que ya sea en el título constitutivo, o a través de un acuerdo de la junta de propietarios, se establezca un incremento de la participación en los gastos comunes que corresponde a un elemento privativo concreto, atendiendo a que realice un uso o disfrute especialmente intensivo de elementos o servicios comunes como consecuencia del ejercicio de actividades empresariales o profesionales en el piso o el local. Este incremento no podrá suponer en ningún caso un importe superior al doble de lo que le correspondería por la cuota.

La regulación contenida en el CCCat también recoge la responsabilidad de la comunidad por las deudas contraídas, disponiendo que de las mismas responderán:

- Los créditos y fondos comunes de los propietarios.
- Los elementos privativos de beneficio común.
- Subsidiariamente, los propietarios de los elementos privativos en proporción a su cuota de participación.

> **CUESTIÓN**
>
> **Cuando se demanda a la comunidad de propietarios, ¿puede solicitarse el embargo de elementos privativos?**
>
> No, el CCCat establece que, si bien para embargar los fondos, créditos y elementos privativos en beneficio común es suficiente con demandar a la comunidad, para embargar los otros elementos privativos debe requerirse el pago a todos los propietarios y demandarlos personalmente.

A TENER EN CUENTA. El art. 553-47 referido a la reclamación en caso de impago de los gastos comunes, aborda el procedimiento monitorio especial aplicable en estos casos:

«1. La comunidad puede reclamar todas las cantidades que le sean debidas por el impago de los gastos comunes, tanto si son ordinarios como extraordinarios, o del fondo de reserva, mediante el proceso monitorio especial aplicable a las comunidades de propietarios de inmuebles en régimen de propiedad horizontal establecido por la legislación procesal.

2. Para instar la reclamación basta con un certificado del impago de los gastos comunes, emitido por quien haga las funciones de secretario de la comunidad con el visto bueno del presidente. En este certificado debe constar la existencia de la deuda y su importe, la manifestación de que la deuda es exigible y que se corresponde de forma exacta con las cuentas aprobadas por la junta de propietarios que constan en el libro de actas correspondiente, y el requerimiento de pago hecho al deudor».

8.
PROPIEDAD HORIZONTAL COMPLEJA Y PROPIEDAD HORIZONTAL POR PARCELAS

El Código Civil de Cataluña regula dos tipos especiales de propiedad horizontal: la propiedad horizontal compleja (arts. 553-48 a 553-52) y la propiedad horizontal por parcelas (art. 553-53 a 553-59).

La **sentencia de la Audiencia Provincial de Barcelona n.º 740/2017, de 9 de noviembre, ECLI:ES:APB:2017:12561,** hace alusión a estos tipos de propiedad horizontal afirmando que:

> «De la misma forma, el Libro V del CCCat regula en las secciones segunda y tercera del capítulo III del título V, la propiedad horizontal simple y la compleja, ésta última adecuada a los conjuntos inmobiliarios con varios edificios pero con zonas comunitarias, como son piscinas o zonas de recreo, regulando en la sección cuarta la propiedad horizontal por parcelas extendiendo también a éstas los principios de la normativa.
>
> De este modo además de la propiedad horizontal simple de un único edificio unitario compuesto de entidades privativas y elementos comunes a la que se refieren los artículos 553-1 y 553-33 y ss. del CCCat en el que el suelo y el vuelo dan cobertura a todos los elementos privativos, las secciones tercera y cuarta regulan **otras realidades más complejas** como la de los terrenos en los que se sitúan varios edificios, siendo la zona no ocupada por la edificación elemento común destinado a pasos o parking o al ocio y esparcimiento de los propietarios; la de un solo edificio con estructura común que se sitúa en una sola parcela con portales independientes, con planta de garaje común a todos los portales; parcelas privativas sobre las que existe un chalet único o un edificio en régimen propiedad horizontal, cada una de las cuales tiene como anejo la copropiedad de otras parcelas destinadas a jardines, parques o piscina, etc.
>
> (...)

Por su parte el art. 553-48 en su primitiva redacción, en orden a la **propiedad horizontal compleja** admite la coexistencia de subcomunidades integradas en un edificio o en un conjunto inmobiliario formado por distintas escaleras o portales o por una pluralidad de edificios independientes y separados siempre que se conecten entre ellos y compartan zonas ajardinadas y de recreo, piscinas u otros elementos comunes similares.

En el caso de las **urbanizaciones por parcelas** el art. 553-53 en su redacción originaria, extiende los principios de la propiedad horizontal, debidamente adaptados, al conjunto de fincas vecinas físicamente independientes que tienen la consideración de solares, edificados o no, formen parte de una urbanización y participen con carácter inseparable de unos elementos de titularidad común, entre los que se incluyen otras fincas o servicios colectivos, así como de limitaciones sobre su goce a favor de todas o de algunas de las demás fincas del conjunto.

En suma, en todas las modalidades de conjuntos o complejos inmobiliarios susceptibles de regirse por los principios de la propiedad horizontal, sea en forma vertical o tumbada o por parcelas, **siempre será necesario que coexistan junto con los elementos privativos, elementos comunes**, aunque no se superpongan en planos horizontales sino en un mismo plano horizontal y que por tanto se mantenga la unidad jurídica y funcional de la finca, al permanecer el suelo y el vuelo como elementos comunes, sin división o fraccionamiento jurídico del terreno que pueda calificarse de parcelación (RDGRN de 14-6-2004 y 21 enero 2014)».

8.1. La propiedad horizontal compleja

La propiedad horizontal compleja encuentra su regulación en la sección tercera del capítulo III del título V de la Ley 5/2006, de 10 de mayo, del Libro Quinto del Código Civil de Cataluña, relativo a derechos reales.

La definición de la misma nos la da el art. 553-48 del CCCat, que se refiere a este tipo de propiedad como aquel que implica la coexistencia de subcomunidades integradas en un inmueble o en un conjunto inmobiliario y que se encuentra formada por varias escaleras o portales, o por una pluralidad de edificios independientes y separados que se conectan entre ellos y comparten elementos comunes tales como zonas ajardinadas y de recreo, piscinas u otros elementos comunes similares.

Es decir, podemos hablar de propiedad horizontal compleja en supuestos en los que nos encontramos distintas subcomunidades en:

- Un inmueble con varias escaleras o portales.

- Varios edificios que comparten zonas comunes.

Cada una de las subcomunidades constituidas para cada escalera, portal o edificio se rige por las disposiciones del CCCat que se refieren tanto a las disposiciones generales sobre el régimen jurídico de la propiedad horizontal, como a las disposiciones que regulan la propiedad horizontal simple (secciones primera y segunda del capítulo III del Título V del libro quinto del CCCat).

También podrán configurarse como una subcomunidad los elementos privativos que están conectados entre sí y que tienen independencia económica y funcional, ya se encuentren situados en uno o más inmuebles.

En lo que respecta a las cuotas de participación, el art. 553-49 del CCCat recoge que: «Cada uno de los elementos privativos que integran una subcomunidad tiene asignada una cuota particular de participación, separada de la cuota general que le corresponde en el conjunto de la propiedad horizontal compleja».

La propiedad horizontal compleja se constituye bien como una sola comunidad con subcomunidades, o bien como una agrupación de varias comunidades.

La **sentencia de la Audiencia Provincial de Barcelona n.º 553/2021, de 18 de noviembre, ECLI:ES:APB:2021:14421**, se refiere a la propiedad horizontal compleja en los siguientes términos:

> «(...) Se da esa denominación legislativa a aquellos casos en los que exista un complejo inmobiliario formado por una pluralidad de edificios independientes y separados entre ellos o bien un edificio integrado por diferentes escaleras, que compartan zonas ajardinadas y de recreo, piscinas u otros tipos de elementos comunes similares (art. 553-48.1). Junto a la mancomunidad o comunidad matriz, cada edificio independiente o cada escalera o portal constituyen una subcomunidad y se rigen por las normas de la propiedad horizontal simple. Asimismo, una o más de una nave se puede conceptuar también como subcomunidades si se destinan a plazas de aparcamiento o trasteros u otros elementos privativos de un o más edificios si gozan de unidad e independencia funcional y económica (art. 553.48-3).
>
> La regulación de la propiedad horizontal compleja se orienta al establecimiento del régimen jurídico entre las subcomunidades, que se rigen por las normas de la propiedad horizontal simple, y la mancomunidad en cuanto a la forma de adoptar aquellos acuerdos que se proyectan sobre los elementos comunes de todo el complejo inmobiliario».

CUESTIÓN

En una agrupación de comunidades, ¿quién puede otorgar el título de constitución?

En estos casos, el título puede ser otorgado por los propietarios únicos de los diferentes inmuebles o los presidentes de las respectivas comunidades autorizados por un acuerdo previo de cada junta de propietarios.

El art. 553-50.2 del CCCat recoge los requisitos que se exigen al título de constitución:

- Debe constar en escritura pública.
- Debe contener una descripción de:
  - El complejo inmobiliario en conjunto.
  - Los elementos privativos que lo componen, incluyendo la subcomunidad de la que formen parte, y la cuota de participación general y particular.
  - Los viales, las zonas ajardinadas y de recreo y los demás servicios y elementos comunes del complejo.

Para inscribirse en el Registro de la Propiedad se estará a lo dispuesto en la legislación hipotecaria, especificando el CCCat que se llevará a cabo mediante una inscripción general en folio propio para la propiedad horizontal compleja, y además en otro folio propio para cada subcomunidad y cada elemento privativo.

> **CUESTIÓN**
>
> **¿Cuándo se considera válidamente constituida una subcomunidad?**
>
> Para responder a esta cuestión podemos citar la sentencia de la Audiencia Provincial de Tarragona n.º 484/2020, de 10 de diciembre, ECLI:ES:APT:2020:1733, que recoge que: «(...) con carácter general, podemos considerar que está válidamente constituida una subcomunidad cuando está prevista como tal en el título constitutivo y además debe otorgarse escritura pública (art. 553-9 CCCat), en que conste el acuerdo de fijación de las cuotas correspondientes en la subcomunidad, pues conforme al art. 553-49 CCCat: "Cada uno de los elementos privativos que integran una subcomunidad tiene asignada una cuota particular de participación, separada de la cuota general que le corresponde en el conjunto de la propiedad horizontal compleja". También, si se pretende crear una subcomunidad distinta a las inicialmente previstas en el título constitutivo, debería modificarse dicho título (...)». Sin embargo, se reconoce en dicha sentencia la existencia de subcomunidades de hecho, reconociendo que, aunque la subcomunidad no esté constituida como tal, cumpliendo con los requisitos legales, «(...) no implica que carezca en la práctica de capacidad jurídica, debiendo mencionarse que la doctrina ha aceptado la existencia y legitimación de las llamadas subcomunidades de hecho, aunque también cabe decir que la cuestión no es pacífica (...)».

Cabe citar aquí la **sentencia de la Audiencia Provincial de Barcelona n.º 838/2018, de 22 de noviembre, ECLI:ES:APB:2018:11662,** que realiza un análisis de la regulación jurídica de la propiedad horizontal compleja en los siguientes términos:

> «De conformidad con lo expuesto la existencia de propiedad horizontal compleja **requiere no sólo la existencia de un conjunto inmobiliario formado por varias escaleras o portales o por una pluralidad de edificios independientes y separados, sino que además dichos edificios deben**

conectarse entre ellos y compartir zonas ajardinadas y de recreo, piscinas u otros elementos comunes similares.

Por tanto, el concepto complejo inmobiliario no implica per se que se trate de un supuesto de propiedad horizontal compleja puesto que se requiere la conexión entre edificios y compartir entre ellos elementos comunes, siendo estos dos requisitos presupuestos previos para que formalmente pueda constituirse la propiedad horizontal compleja.

En este sentido la sentencia del Tribunal Supremo de 27 de octubre de 2008 declara que "basta para la calificación como complejo inmobiliario la existencia de un régimen de copropiedad o de titularidad compartida sobre instalaciones o servicios inherente al derecho de propiedad privativo sobre los respectivos inmuebles que conforman el complejo, aunque no se trate de una copropiedad en sentido propio. En la Carta de Roma (V Congreso Internacional de Derecho Registral de 1982) se caracteriza a los complejos inmobiliarios 'por la existencia de una pluralidad de inmuebles conectados entre sí, a través de elementos o servicios comunes, o de un régimen de limitaciones y deberes entre los mismos, con vocación de pertenecer a una multiplicidad de titulares, para la consecución y mantenimiento de los intereses generales y particulares de los partícipes'.

Según la doctrina científica, la característica de los conjuntos inmobiliarios a que se refiere la LPH es, pues, la existencia de una pluralidad de fincas ligadas por un punto de conexión cifrado en la titularidad compartida, inherente a los derechos privativos sobre cada una de ellas, de elementos inmobiliarios de utilidad común, viales, instalaciones o servicios".

Asimismo la sentencia del Tribunal Superior de Justicia de Cataluña de 21 de marzo de 2016 afirma que "en todas las modalidades de conjuntos o complejos inmobiliarios susceptibles de regirse por los principios de la propiedad horizontal, sea en forma vertical o tumbada o por parcelas, siempre será necesario que coexistan junto con los elementos privativos, elementos comunes, aunque no se superpongan en planos horizontales sino en un mismo plano horizontal y que por tanto se mantenga la unidad jurídica y funcional de la finca, al permanecer el suelo y el vuelo como elementos comunes, sin división o fraccionamiento jurídico del terreno que pueda calificarse de parcelación (RDGRN de 14-6-2004 y 21 enero 2014)". La constitución de la propiedad horizontal compleja puede realizarse mediante la existencia de una comunidad formada por subcomunidades, o bien mediante la agrupación de comunidades. Asimismo, se prevé que puede existir subcomunidad de garajes y trasteros del complejo inmobiliario que actúe con independencia si se cumplen determinados requisitos, así como se establecen los supuestos expresos en que no resulta posible dicha subcomunidad».

Con relación a la regulación y los acuerdos en la propiedad horizontal compleja, el art. 553-51 del CCCat establece que cada subcomunidad tiene sus órganos específicos y adopta sus propios acuerdos en el ámbito material que tenga reconocido en el título de constitución, y ello con independencia tanto de las demás subcomunidades, como de la comunidad general.

El CCCat recoge la posibilidad de nombrar un consejo de presidentes que actuará de forma colegiada para la administración ordinaria de los elementos comunes.

CUESTIÓN

¿Por qué normas se rige el consejo de presidentes regulado en el art. 553-51 del CCCat?

Este consejo se regirá por las normas de la junta de propietarios adaptadas a su naturaleza específica.

Especial referencia a las comunidades y subcomunidades para garajes o trasteros

El art. 553-52 del CCCat hace alusión a las comunidades de garajes o trasteros que funcionarán independientemente de la comunidad general en los asuntos que le sean de su interés exclusivo, en los siguientes casos:

«a) Si se configura en régimen de comunidad como elemento privativo de un régimen de propiedad horizontal y la adquisición de una cuota indivisa atribuye el uso exclusivo de plazas de aparcamiento o de trasteros y la utilización de las rampas de acceso y salida, las escaleras y las zonas de maniobras. En este caso, los titulares de la cuota indivisa no pueden ejercer la acción de división de la comunidad ni gozan de derechos de adquisición preferente.

b) Si las diferentes plazas de aparcamiento o los trasteros de un local de un inmueble en régimen de propiedad horizontal se constituyen como elementos privativos. En este caso, se asigna a cada plaza, además del número de orden y de la cuota que le corresponde en el régimen de propiedad horizontal, un número o letra de identificación concretos; las rampas, las escaleras y las zonas de acceso, maniobra y salida de los vehículos se consideran elementos comunes del garaje o el trastero».

No existe subcomunidad para garajes o trasteros en los siguientes dos supuestos:

* Cuando las plazas de aparcamiento o los trasteros tengan la consideración de anexos inseparables de los elementos privativos de la comunidad. En estos casos no tienen cuota especial, y son de titularidad privativa a todos los efectos.

* Cuando el local del garaje o trastero se configure como elemento común del régimen de propiedad horizontal. Si se da esta situación, el uso concreto de las plazas de aparcamiento o de los trasteros no puede cederse a terceros con independencia del elemento privativo respectivo.

Cuando varios inmuebles sujetos a propiedad horizontal comparten el uso del local o locales destinados a garaje o trasteros puede constituirse una subcomunidad. Esta formará parte de cada propiedad horizontal en la proyección vertical que le corresponde. En estos casos, salvo que los estatutos establezcan lo contrario, los titulares de las plazas tendrán derecho a utilizar todas las zonas de acceso, distribución, maniobra y salida de vehículos situadas en el local, o locales, independientemente del inmueble concreto en el que estén situadas.

8.2. Propiedad horizontal por parcelas

La propiedad horizontal por parcelas se encuentra regulada en la sección cuarta del capítulo III del título V de la Ley 5/2006, de 10 de mayo, del Libro Quinto del Código Civil de Cataluña, relativo a derechos reales.

Comienza su regulación en el art. 553-53 del CCCat, en el que se establecen los siguientes requisitos que deben de cumplirse en la propiedad horizontal por parcelas:

- Se establece sobre un conjunto de fincas independientes que tienen la condición de solares, ya estén edificados o no.
- Estas fincas deben de formar parte de una actuación urbanística, es decir, forman parte de una misma urbanización.
- Comparten elementos de titularidad común con carácter inseparable.

La **Audiencia Provincial de Barcelona en su sentencia n.º 361/2018, de 29 de junio, ECLI:ES:APB:2018:6416**, se refiere a este tipo de propiedad horizontal con el siguiente tenor literal:

> «Dentro del mismo se regula la "propiedad horizontal por parcelas" y se puede establecer sobre un conjunto de fincas vecinas independientes que tienen la consideración de solares, edificados o no, formen parte de una urbanización (o actuación urbanística según la Llei 5/2015), y participen con carácter inseparable de unos elementos de titularidad común, según se desprende del art. 553-53.1 del CCCat, modificado en cuanto a este régimen jurídico, por la Llei 5/2015.
>
> Estos elementos de titularidad común lo constituyen obviamente no solo los edificios, patios, muros, servicios etc., sino el vuelo, suelo y el subsuelo así como los diversos servicios comunes (como pueden ser los bienes o servicios públicos integrados por viales, jardines, parques, etc. cuyo mantenimiento corresponda a la urbanización)».

Cabe mentar aquí, por ilustrativa, la **sentencia de la Audiencia Provincial de Barcelona n.º 838/2018, de 22 de noviembre, ECLI:ES:APB:2018:11662**, que nos da la siguiente definición de la propiedad horizontal por parcelas:

> «La propiedad horizontal por parcelas concurre en los supuestos de un complejo inmobiliario de una urbanización formada por parcelas en que pueden ubicarse viviendas unifamiliares (adosadas o separadas), con zonas de uso común, recibiendo usualmente dichos complejos el nombre de **propiedad horizontal tumbada**. Estos supuestos se caracterizan por la titularidad exclusiva de las parcelas (y en su caso las viviendas en ellas

construidas) y por la presencia de elementos y servicios comunes de uso exclusivo por los titulares de las parcelas. El régimen jurídico de dichos complejos inmobiliarios se encuentra actualmente previsto en los art. 553-53 y ss del CCCataluña dedicados a la propiedad horizontal por parcelas y el mismo se constituye sobre un conjunto de fincas independientes que tienen la consideración de solares, edificados o no, forman parte de una actuación urbanística y participan con carácter inseparable de unos elementos de titularidad común».

CUESTIÓN

¿Qué normas rigen la propiedad horizontal por parcelas?

Se rigen por lo que se establezca en el título constitutivo y, en lo no recogido por este, por las normas recogidas en la sección cuarta del capítulo III del título V de la Ley 5/2006, de 10 de mayo, del Libro Quinto del Código Civil de Cataluña, relativo a derechos reales (arts. 553-53 al 553-59 del CCCat). Supletoriamente se regirán por las disposiciones del capítulo III de la mentada ley, de acuerdo con su naturaleza específica y con la normativa urbanística aplicable.

Se realiza una diferenciación entre las fincas privativas y los elementos comunes. Así, el art. 553-54 del CCCat se refiere a las fincas privativas que forman parte de la propiedad horizontal por parcelas, disponiendo que las mismas pertenecen en exclusiva a tus titulares, en el régimen de propiedad que les sea de aplicación.

La cuota de participación es inseparable de las fincas privativas, lo que conlleva que tal y como se recoge en apartado segundo del art. 553-54 del CCCat: «Los actos de enajenación y gravamen y el embargo de las fincas privativas se extienden de modo inseparable a la cuota de participación que les corresponde en los elementos comunes».

Al igual que en la propiedad horizontal en general, no existen derechos de adquisición preferente en el caso de enajenarse una finca privativa.

Por su parte el art. 553-55 del CCCat realiza un listado de elementos considerados comunes, entendiendo que serán comunes las fincas, los elementos inmobiliarios y los servicios e instalaciones que se destinan al uso y disfrute común, citando a modo de ejemplo:

- Zonas ajardinadas y de recreo.
- Instalaciones deportivas.
- Locales sociales.
- Servicios de vigilancia.
- Otros elementos similares.

Estos elementos comunes son inseparables de las fincas privativas y se encuentran vinculados a las mismas por la cuota de participación.

Cabe destacar que el art. 553-56 del CCCat dispone que: «Las restricciones al ejercicio de las facultades dominicales sobre fincas privativas impuestas por el título de constitución, los estatutos, el planeamiento urbanístico o las leyes tienen la consideración de elementos comunes».

En el **título constitutivo de la propiedad horizontal por parcelas** debe constar:

- La descripción del conjunto en general, incluyendo:
  - El nombre.
  - La ubicación.
  - La extensión.
  - La aprobación administrativa de la actuación urbanística en que se integra.
  - Los datos esenciales de la licencia o del acuerdo de parcelación.
  - El número de solares que la configuran.
  - La referencia y descripción de las fincas e instalaciones comunes.
- La relación de las obras de la urbanización y de las instalaciones del conjunto.
- El sistema previsto para su conservación y mantenimiento.
- Información sobre la prestación de servicios no urbanísticos.
- Otras circunstancias derivadas del plan de ordenación.
- La descripción de todas las parcelas y de los demás elementos privativos, incluyendo:
  - El número de orden.
  - La cuota general de participación.
  - Las cuotas especiales cuando correspondan.
  - La superficie.
  - Los límites.
  - Los espacios físicos o derechos que constituyan sus anexos o que estén vinculados a ellos.
- Las reglas sobre el destino y la edificabilidad de las fincas.
- Información sobre si las fincas son divisibles.
- Los estatutos, cuando estos existan.
- Los terrenos de uso y dominio público incluidos en el ámbito de la propiedad horizontal por parcelas.
- Un plano descriptivo del conjunto, en el que deben identificarse las fincas privativas y los elementos comunes.

> **A TENER EN CUENTA.** En el CCCat se establece una excepción a la descripción de todas las parcelas, recogiendo que «No es preciso describir cada una de las parcelas si el régimen de propiedad horizontal por parcelas se establece por acuerdo de todos o de una parte de los propietarios de parcelas, edificadas o no, situadas en una unidad urbanística

consolidada, que ya están inscritas en el Registro de la Propiedad como fincas independientes, pero se ha hecho constar, como mínimo, el número que les corresponde en la urbanización, la identificación registral, la referencia catastral y los nombres de los propietarios» (Art. 553-57.3 del CCCat).

CUESTIÓN

¿Qué efectos tienen las determinaciones urbanísticas contenidas en el título constitutivo?

El art. 553-57 del CCCat en su apartado segundo recoge que: «Las determinaciones urbanísticas que contenga el título de constitución tienen efectos meramente informativos».

Con respecto a la **constancia registral** del régimen de propiedad horizontal por parcelas el CCCat se remite a la legislación hipotecaria.

En el Registro de la Propiedad debe realizarse:

- Una inscripción general para el conjunto.
- Una inscripción para cada una de las fincas privativas.
- Cuando proceda, una inscripción de las fincas destinadas a uso y disfrute o servicios comunes.

CUESTIONES

1. ¿Qué ocurre cuando la propiedad horizontal por parcelas recae sobre varias fincas?

En estos casos debe realizarse una agrupación instrumental, haciendo constar este carácter instrumental en la nota de referencia y debe considerarse, a todos los efectos, que nunca ha existido comunidad. Tal y como se establece en el art. 553-58.2 del CCCat, las fincas privativas pueden adjudicarse directamente al titular que corresponda.

2. ¿A favor de quién se realiza la inscripción de la propiedad horizontal por parcelas?

En el régimen de propiedad horizontal por parcelas, la inscripción se practica a favor de sus integrantes. En el caso de las fincas destinadas a uso y disfrute o a los servicios comunes se inscriben a favor de los integrantes de la propiedad horizontal por parcelas, sin mencionarlos de forma explícita ni hacer constar las cuotas que le corresponden.

En el CCCat se recogen los datos que deben contenerse en la inscripción diferenciando la inscripción general del régimen de propiedad horizontal por parcelas y las inscripciones de las fincas privativas.

En el primer caso, la inscripción del régimen de propiedad horizontal por parcelas debe contener los datos exigidos por la legislación hipotecaria, y además también los establecidos en el art. 553-57 del CCCat para el título constitutivo que tengan trascendencia real y la referencia del archivo del plano. Se especifica que deben hacerse las notas marginales de referencia a las inscripciones de las fincas privativas.

En el segundo caso, las inscripciones de las fincas privativas deben contener:

- Los datos exigidos por la legislación hipotecaria.
- El número de parcela que les corresponde.
- La cuota o cuotas de participación.
- El régimen especial o las restricciones que pueden afectarlas.
- La referencia a la inscripción general y la sujeción al régimen de la propiedad horizontal por parcelas.

En último lugar, para los casos de propiedad horizontal por parcelas sobrevenida, la ley recoge que deberá abrirse un folio separado e independiente para la propiedad horizontal en conjunto, y en el deberá de hacerse constar las circunstancias establecidas en el art. 553-57, haciendo referencia en una nota marginal, a cada una de las inscripciones de las fincas que pasan a ser privativas, dejando constancia de la cuota que les corresponde.

CUESTIONES

1. ¿Puede extinguirse la propiedad horizontal por parcelas de forma voluntaria?

Sí, pero será necesario el consentimiento expreso de todos los propietarios (art. 553-25.4 del CCCat).

2. ¿Qué conlleva esta extinción voluntaria?

La extinción voluntaria conlleva que, una vez acordada la extinción, deban liquidarse totalmente las obligaciones con terceros y, si procede, también con los propietarios.

3. ¿Qué debe hacer la junta de propietarios en el proceso de liquidación?

En estos casos, durante el proceso de liquidación la junta debe mantener sus funciones. Además, debe percibir las cuotas atrasadas y los demás créditos a favor de la propiedad horizontal por parcelas. Cuando se haya acordado enajenar inmuebles de uso común, también le corresponde a la junta su enajenación. Y para finalizar, una vez realizadas todas las operaciones, debe rendir cuentas a todos los propietarios.

9.
LA ACCIÓN DE CESACIÓN

Tanto en la Ley de Propiedad Horizontal como en el Código Civil Catalán se regula una acción específica conocida como acción de cesación, cuya finalidad es salvaguardar los intereses de la comunidad de propietarios y de sus integrantes cuando se encuentran con algún vecino que realiza actividades perjudiciales o prohibidas.

El CCCat regula la acción de cesación en el art. 553-40, dedicado a las prohibiciones y restricciones de uso de los elementos privativos y comunes:

«1. Los propietarios y los ocupantes no pueden hacer en los elementos privativos, ni en el resto del inmueble, actividades o actos contrarios a la convivencia normal en la comunidad o que dañen o hagan peligrar el inmueble. Tampoco pueden llevar a cabo las actividades que los estatutos, la normativa urbanística o la ley excluyen o prohíben de forma expresa.

2. La presidencia de la comunidad, si se hacen las actividades o los actos a que se refiere el apartado 1, por iniciativa propia o a petición de una cuarta parte de los propietarios, debe requerir fehacientemente a quien los haga que deje de hacerlos. Si la persona o personas requeridas persisten en su actividad, la junta de propietarios puede ejercer contra los propietarios y ocupantes del elemento privativo la acción para hacerla cesar, que debe tramitarse de acuerdo con las normas procesales correspondientes. Una vez presentada la demanda, que debe acompañarse del requerimiento y el certificado del acuerdo de la junta de propietarios, la autoridad judicial debe adoptar las medidas cautelares que considere convenientes, entre las cuales, la cesación inmediata de la actividad prohibida. En caso de ocupación sin título habilitante, la acción puede ejercerse contra los ocupantes aunque no se conozca su identidad. Si las actividades o los actos contrarios a la convivencia o que dañen o hagan peligrar el inmueble los hacen los ocupantes del elemento privativo ilegítimamente y sin la voluntad de los propietarios, la junta de propietarios puede denunciar los hechos al ayuntamiento de su municipio a fin de que inicie, previo expediente acreditativo de que se han producido efectivamente las actividades o los actos prohibidos, el procedimiento establecido por el artículo 44 bis de la Ley 18/2007, de 28 de diciembre, del derecho a la vivienda.

3. La comunidad tiene derecho a la indemnización por los perjuicios que se le causen y, si las actividades prohibidas continúan, a instar judicialmente a la privación del uso y goce del elemento privativo por un periodo

que no puede exceder de dos años y, si procede, a la extinción del contrato de arrendamiento o de cualquier otro que atribuya a los ocupantes un derecho sobre el elemento privativo».

A TENER EN CUENTA. El artículo 553-40 del CCCat ha sido modificado por la Ley 1/2023, de 15 de febrero, con entrada en vigor el 1/2/2023.

Tal y como se recoge en la **sentencia de la Audiencia Provincial de Barcelona n.º 828/2017, de 11 de diciembre, ECLI:ES:APB:2017:15272**: «La norma que nos ocupa, como su homónima de la Ley de Propiedad Horizontal estatal, va dirigida a **proteger a la comunidad de los actos perturbadores de un ocupante** (por el título que sea) que sean contrarios a la convivencia normal en el inmueble».

En la **sentencia de la Audiencia Provincial de Barcelona n.º 240/2020, de 30 de junio, ECLI:ES:APB:2020:6180**, se recoge el fundamento de dicha acción, destacando que el beneficio propio no puede perjudicar lo ajeno:

> «En relación con la acción de cesación, es doctrina reiterada (Sentencia del Tribunal Superior de Justicia de Cataluña, (Sala de lo Civil y Penal, Sección 1.ª), de 28 de abril de 2014) que la norma del artículo 553-40 del Código Civil de Cataluña, inspirada en el artículo 7.2 de la Ley de Propiedad Horizontal de 21 julio 1960, y que debemos entender complementaria, responde a un **principio fundamental en toda comunidad: que el beneficio propio no puede traducirse en perjuicio ajeno**, o como se indica en la STSJC 17/2012, de 20 de febrero, a la necesidad de que las actividades que se emprendan en los elementos privativos por sus propietarios o por quienes de ellos traen causa se desarrollen dentro de los **límites de la normalidad del uso y tolerabilidad por los restantes vecinos** atendidas las condiciones de lugar y la naturaleza de los inmuebles de acuerdo con las normas de la buena fe».

Prohibición de realizar ciertas actividades dentro de la comunidad de propietarios en Cataluña

El punto de partida de esta acción es la prohibición de propietarios y ocupantes de realizar, en los elementos privativos y en el resto del inmueble, actividades que:

- Sean contrarias a la convivencia normal en la comunidad.
- Que dañen o hagan peligrar el inmueble.
- Que se encuentren prohibidas de forma expresa en los estatutos, en la normativa urbanística o en la ley.

El mentado precepto es interpretado por la **sentencia de la Audiencia Provincial de Barcelona, n.º 240/2020, de 30 de junio, ECLI:ES:APB:2020:6180**, que recoge que:

> «De tal regulación resulta que se prohíbe:
> a) Efectuar actividades prohibidas por los estatutos. Esta restricción coincide con la prevista en el art. 553-47 CCCat.

b) Llevar a término actividades que estropeen o hagan peligrar el edificio. Se ha de entender que el alcance es análogo a la previsión del art. 553- 47 CCCat, cuando señala que no se pueden efectuar actividades perjudiciales para las fincas.

c) Realizar actividades excluidas o prohibidas por la normativa urbanística. Corresponderá en este supuesto examinar la normativa urbanística aplicable al lugar donde se encuentre el inmueble, a la vez que los usos del sector en relación a las viviendas y locales para determinar si las actividades que los titulares de elementos privativos realizan chocan contra los mismos.

d) Hacer actividades contrarias a la convivencia normal, que es en esencia lo que denuncia la recurrente en su demanda.

Si se llevan a término las actividades contempladas en el apartado primero del art. 553-40, que son las que se acaban de enumerar, se puede llevar a término una acción de cesación de la actividad».

Aunque la ley no nos da más especificaciones sobre las actividades que pueden dar lugar a la acción de cesación, podemos citar aquí la **sentencia de la Audiencia Provincial de Barcelona n.º 319/2021, de 10 de mayo, ECLI:ES:APB:2021:5104**, que se pronuncia sobre las **características generales que deben concurrir para poder considerar que la actividad se encuentra entre las recogidas en el mentado artículo**, citando diversa jurisprudencia del Tribunal Supremo:

«El TSJC se ha pronunciado sobre este precepto en relación con los pisos turísticos, principalmente, pero todavía no hay establecido un cuerpo de doctrina jurisprudencial sobre las **características generales que debe presentar la actividad para que pueda entenderse comprendida en el precepto analizado.**

Sin embargo, puede servir de guía la jurisprudencia del Tribunal Supremo en relación con el art. 7.2 LPH, que también se refiere a las actividades "que resulten dañosas para la finca".

Pues bien, podemos resumir dicha jurisprudencia del modo siguiente:

1) **La actividad ha de darse dentro del inmueble** (en cualquier parte del mismo), no en el exterior (a no ser que tenga su origen en el interior).

2) **La calificación de una actividad como incómoda o molesta no ha de hacerse apriorísticamente**, y sólo por las características generales de la misma (ello es competencia de la autoridad administrativa correspondiente (STS 1 junio 1999), sino atendiendo al modo de realizarse en cada **caso concreto** (STS 16 julio 1993), o el modo de desarrollarse —situación de hecho derivada del uso de una cosa, aunque se cumplan formalidades administrativas, atendiendo a los principios que rigen las relaciones de vecindad y a la prohibición del abuso de derecho ex art. 7.2 CC—, y a la posición contumaz del agente ante las advertencias que se le hayan hecho.

3) La actividad **ha de exceder y perturbar el régimen o estado de hecho usual y corriente en las relaciones sociales, de manera notoria** (evidencia y permanencia de la incomodidad. SSTS 28 febrero 1964, 8 abril 1965, 11 mayo 1998, etc.).

4) Se requiere una **prueba concluyente, plena y convincente** atendida la gravedad de la sanción (SSTS 18 mayo 1994, 13 mayo 1995, etc.) y de ahí la interpretación restrictiva en orden a seguir la pauta del menor efecto para el ejercicio de la actividad en cuanto sea posible, frente al efecto drástico del cese o de la privación del uso (entre otras razones, porque las limitaciones a las facultades dominicales han de interpretarse restrictivamente).

5) **No rectificación por el demandado,** en un plazo razonable, cesando o modulando la actividad, tras el requerimiento que le sea remitido a tal efecto (pues la actividad ha de ponerse en relación con el esfuerzo desplegado por el titular de la misma para reducir al mínimo los efectos para la comunidad)».

CUESTIÓN

¿Cabe el ejercicio de la acción de cesación para evitar inmisiones futuras?

En el **auto del Tribunal Superior de Justicia de Cataluña, rec. 186/2019, de 19 de diciembre, ECLI:ES:TSJCAT:2019:712A,** se reconoce esta posibilidad: «Igualmente debe tenerse presente que la acción de cesación como declaramos en la STSJC 28/2014, de 28 de abril puede subsumirse en las previsiones del art. 553-40 CCCat (STSJC de 3-10-2002 y 17-7-2006) contemplándose en el artículo 544.5. a) la posibilidad de ejercitar la acción para evitar inmisiones futuras». La sentencia del Tribunal Superior de Justicia de Cataluña n.º 28/2014, de 28 de abril, ECLI:ES:TSJCAT:2014:4526, establece que el ejercicio anticipatorio de la acción solo procedería cuando la actividad sea objetivamente molesta en cualquiera de las condiciones o formas en que se ejecute, lo que implica que las perturbaciones no dependerán ni de su forma, ni de la percepción subjetiva que puedan tener los vecinos.

El concepto de actividades contrarias a la convivencia normal en la comunidad que se emplea en el art. 553-40 del CCCat, como concepto jurídico indeterminado que es, ha dado lugar a una interpretación jurisprudencial que lo analiza, pudiendo citar aquí la **sentencia del Tribunal Superior de Justicia de Cataluña, n.º 33/2016, de 19 de mayo, ECLI:ES:TSJCAT:2016:3181,** que, en un supuesto en el que se resolvía sobre el uso turístico de un inmueble, remitiéndose a distintas sentencias del TSJC, recoge:

«En relación con este punto la Sentencia de esta Sala de 28 de abril de 2014 con cita de la STSJC 17/2012, de 20 de febrero, establece la necesidad de que las actividades que se emprendan en los elementos privativos por sus propietarios o por quienes de ellos traen causa se desarrollen dentro de los **límites de la normalidad del uso y tolerabilidad** por los restantes vecinos atendidas las condiciones de lugar y la naturaleza de los inmuebles de acuerdo con las normas de la buena fe.

Ciertamente, como indica la STSJC de 17/2012 de 20 de febrero, la calificación de una concreta actividad como molesta y contraria a la normal convivencia de la comunidad puede dar lugar por su carácter de concepto jurídico indeterminado a un amplio abanico de posibilidades lo que deviene en una cuestión casuística que deberá ser resuelta conforme a las **circunstancias de cada caso concreto debiendo entenderse como "normal convivencia" aquella que se produce en circunstancias estándares o que se ajusta a las normas o reglas de conducta predeterminadas o fijadas de antemano**».

Procedimiento para instar la acción de cesación en Cataluña

En los casos de que un vecino esté realizando actividades prohibidas, el presidente de la comunidad por iniciativa propia o por petición de una cuarta parte de los propietarios, debe requerir fehacientemente a quien esté realizando las mentadas actividades para que deje de hacerlas, y cuando el infractor persista, la junta de propietarios estará facultada para ejercer contra los propietarios y ocupantes la acción para hacerla cesar.

Como requisito procedimental se establece que a la demanda deben de acompañarse dos documentos:

- El requerimiento.
- El certificado del acuerdo de la junta de propietarios facultativo del ejercicio de acciones judiciales.

CUESTIONES

1. ¿Qué se entiende por requerimiento?

La sentencia de la Audiencia Provincial de Barcelona n.° 442/2014, de 13 de octubre, ECLI:ES:APB:2014:11125, da respuesta a esta cuestión, recogiendo que «(...) el requerimiento se define como "aviso, manifestación o pregunta que se hace, generalmente bajo fe notarial, a alguien exigiendo o interesando de él que exprese y declare su actitud o su respuesta" (...)».

2. ¿Se entiende por realizado el requerimiento si el destinatario no recoge el burofax enviado?

Sí, tal y como se ha establecido jurisprudencialmente, si el destinatario no recoge el burofax correctamente enviado se entenderá que el requerimiento ha sido realizado. Así lo ha afirmado, entre otras, la **sentencia de la Audiencia Provincial de Barcelona n.° 488/2019, de 3 de octubre, ECLI:ES:APB:2019:11771**, que establece que: «La comunicación se envió al domicilio de la demandada, cumplió los requisitos para alcanzar con el fin previsto, llegar a manos de la demandada, y si no llegó a hacerse efectiva fue consecuencia de la propia y contumaz voluntad de la demandada que no recogió la comunicación, por lo que el motivo se ha de ver desestimado».

Con relación a la **legitimación** del presidente para presentar la demanda cabe destacar que, si bien se requiere de un acuerdo previo de la junta de propietarios que autorice expresamente al presidente para el ejercicio de acciones judiciales, no se exige que dicha autorización sea literal para ser válida. Así, podemos citar como ejemplo la **sentencia de la Audiencia Provincial de Barcelona n.° 240/2020, de 30 de junio, ECLI:ES:APB:2020:6180**, que recoge:

«II.- En este sentido, la doctrina del Tribunal Supremo fijada en las Sentencias de 27 de Marzo de 2012, 19 de febrero de 2014 y 5 de noviembre de 2015, entre otras, sientan, como doctrina jurisprudencial, la **necesidad de un previo acuerdo de la Junta de Propietarios que autorice expresamente al Presidente de la Comunidad para ejercitar acciones judiciales** en defensa de ésta salvo que el Presidente actúe en calidad de copropietario o los Estatutos expresamente dispongan lo contrario, esto es, se exige autorización de la Junta para que la Comunidad pueda demandar.

Lo que se trata de impedir con esta doctrina jurisprudencial es que, sin un acuerdo de la Junta de emprender acciones judiciales, el Presidente, por el hecho de ostentar la representación de la Comunidad en juicio y fuera de él, inste un procedimiento judicial y vincule a la Comunidad por su voluntad personal. Y esto se consigue sometiendo al conocimiento de la Junta de propietarios la cuestión de que se trate y se adopte el acuerdo que proceda, pues el Presidente no puede suplir o corregir la voluntad de la Comunidad expresada en las Juntas Ordinarias o Extraordinarias.

(...)

Por todo ello entendemos que el **hecho de que la Ley exija autorización expresa no significa que sólo sea válida si literalmente se recoge en el acta o si se consigna con una fórmula determinada**, que la ley no exige, siendo en su caso, una cuestión de prueba».

Por su parte, la **sentencia de la Audiencia Provincial de Barcelona n.º 828/2017, de 11 de diciembre, ECLI:ES:APB:2017:15272**, analiza la exigencia del requerimiento al infractor, ya que la apelante alegaba que el mismo debía de ser previo a la celebración de la junta de propietarios, argumento que no comparte la audiencia, que sostiene que:

«Como dice la juez de primera instancia, **la ley exige un requisito de procedibilidad un requerimiento fehaciente de cese de actividad pero no especifica que éste deba ser previo a la celebración de la Junta.**

Y de la nueva redacción del precepto trascrito se desprende lo contrario: primero una cuarta parte de los propietarios puede solicitar al presidente de la comunidad que se requiera fehacientemente a quien haga las actividades contrarias a la convivencia normal en la comunidad o que dañen o hagan peligrar el inmueble que deje de hacerlas, lo que implica una junta anterior al requerimiento como se ha efectuado en este caso.

El requisito de procedibilidad es claro: con la demanda debe acompañarse la certificación del acuerdo de la Junta conforme el presidente queda autorizado para entablar la acción de cesación, y el requerimiento fehaciente de la presidencia de la comunidad a quien haga las actividades contrarias a la convivencia normal en la comunidad o que dañen o hagan peligrar el inmueble para que deje de hacerlas, lo que concurre en el presente supuesto».

CUESTIÓN

¿Debe incluirse en el orden del día de la convocatoria de la junta que se va a tratar el asunto del cese de la actividad?

Sí, la jurisprudencia viene exigiendo como requisito para considerar el acuerdo válido, que en el orden del día se incluya el asunto. Cabe citar como ejemplo la sentencia de la Audiencia Provincial de Tarragona n.º 263/2020, de 9 de julio, ECLI:ES:APT:2020:833, que establece que: «(...) De la dicción literal del precepto se deduce que la primera acción que debe realizarse en estos casos es efectuar un requerimiento fehaciente, sin que sea necesario acuerdo de la junta para ello, pues bastará que se efectúe por iniciativa propia del presidente de la comunidad o por solicitud de una cuarta parte de los propietarios. Tras este requerimiento, en el caso de que persista la actividad contraria a la convivencia normal en la comunidad, es cuando la comunidad de propietarios, en junta, puede acordar el ejercicio de la acción de cesación. En este caso puede considerarse que existe un requerimiento, pero no puede considerarse que el acuerdo haya sido adoptado de forma válida como para entender cumplidos los presupuestos legales, dado que según indica el artículo 553-21.4 **debe expresarse en el orden del día los puntos que se proponen tratar** y en este caso en el orden del día no figuraba dicho asunto, sino que se introduce su mención dentro del apartado de ruegos y preguntas. En definitiva, no puede considerarse que la parte actora haya cumplido los presupuestos legales para que pueda prosperar la acción ejercitada, sin perjuicio de la racionalidad a priori de la demanda, dado que nadie puede utilizar una plaza de aparcamiento más que dentro del perímetro exacto que tiene a su disposición. Toda utilización fuera de dicho perímetro supone una conducta abusiva y si, además, esa conducta impide o dificulta el uso normal de zonas comunes o de bienes privativos de terceras personas, se está causando un daño que incluso podría ser indemnizable. En este caso, se desestima la demanda por un **motivo puramente formal** y debe confirmarse la resolución recurrida».

El CCCat regula la posibilidad de que se adopten **medidas cautelares**, estableciendo en el art. 553-40.2 que: «(...) Una vez presentada la demanda, que debe acompañarse del requerimiento y el certificado del acuerdo de la junta de propietarios, la autoridad judicial debe adoptar las medidas cautelares que considere convenientes, entre las cuales, el cese inmediato de la actividad prohibida».

CUESTIÓN

¿Qué se entiende por medida cautelar?

La medida cautelar aparece definida en *Diccionario del Español Jurídico de la RAE* de forma genérica como: «Instrumento procesal de carácter precautorio que adopta el órgano jurisdiccional, de oficio o a solicitud de las partes, con el fin de garantizar la efectividad de la decisión judicial mediante la conservación, prevención o aseguramiento de los derechos e intereses que corresponde dilucidar en el proceso». Y de forma más concreta para el proceso civil como: «Medida adoptada judicialmente, antes o durante un proceso, con la finalidad de evitar los riesgos de la duración temporal del juicio en aras de preservar la efectividad de la sentencia que haya de recaer».

Cabe citar en este punto el **auto de la Audiencia Provincial de Barcelona, rec. 792/2010, de 26 de mayo de 2011, ECLI:ES:APB:2011:2565A**, que se pronuncia sobre los requisitos exigidos para la adopción de medidas cautelares, destacando la importancia de la apariencia de buen derecho, y del peligro de mora procesal:

«La concesión de Medidas Cautelares queda supeditada al concurso de determinadas exigencias:

1.- **Situación jurídica tutelable**.

2.- Manifestación del **derecho ejercitado como verosímil**, de forma que de la documentación aportada se ofrezca como cierto y existente.

3.- **El peligro de un daño** inmediato o irreparable determinado por el retraso en percibir la prestación o el riesgo de que la ejecución sea difícil o imposible, cuando proceda.

4.- La **temporalidad de la medida** solicitada.

5.- La **prestación de la fianza** que el Juez señale.

Así viene siendo jurisprudencialmente admitido, que las medidas cautelares sólo podrán acordarse sí quien las solicita justifica, que en el caso de que se trate, podría producirse, durante la pendencia del proceso de no adoptarse las medidas solicitadas, situaciones que impidieren o dificultaren la efectividad de la tutela que pudiera otorgarle una eventual sentencia estimatoria, debiendo presentar el solicitante los datos, argumentos y justificaciones documentales que conduzcan a fundar, por parte del Tribunal, sin prejuzgar el fondo del asunto, un juicio provisional o indiciario favorable al fundamento de su pretensión.

La apariencia de buen derecho **"fumus boni iuris"**, está ligada con la pretensión principal de la parte solicitante y sólo cuando se muestre un aspecto de probabilidad, se puede interesar que se asegure la efectividad de una sentencia favorable o probablemente favorable, y esa probabilidad de éxito exige una operación lógica que ha de abarcar al supuesto de hecho en que la pretensión descanse.

El **periculum in mora**, exige la existencia de potenciales riesgos que amenacen y hagan incierta la efectividad de un futuro pronunciamiento contrario a quien ocupa la posición del sujeto pasivo del procedimiento, debiendo el peticionario justificar que durante el proceso podrían producirse situaciones que impidieran o dificultaren la efectividad de la tutela que pudiera otorgar una sentencia estimatoria».

Consecuencias de ejercitar la acción de cesación en Cataluña

Las **consecuencias jurídicas** de ejercitar la acción de cesación, es decir, las medidas que la comunidad de propietarios podrá solicitar en su demanda son:

- El cese de la actividad prohibida, que sería el fin último de la acción de cesación.

- La indemnización por los perjuicios que se le causen. Cabe citar aquí la **sentencia de la Audiencia Provincial de Barcelona n.º 2/2014, de 8 de enero, ECLI:ES:APB:2014:1431**, que reconoce el derecho a la indemnización a pesar de la dificultad de su cuantificación.

- La privación del uso y disfrute del elemento privativo, cuando las actividades prohibidas continúan, durante un período no superior a dos años.

- Cuando las actividades sean realizadas por los ocupantes, no propietarios, también podrá solicitarse la extinción del contrato de arrendamiento o de cualquier otro que atribuya a los ocupantes un derecho sobre el elemento privativo.

Llama la atención, por su gravedad, la medida consistente en la privación del uso y disfrute del elemento privativo, por un periodo de hasta dos años. Esta privación del uso y disfrute puede realizarse no solo a los ocupantes y causantes de la actividad prohibida, sino también a los propietarios que no hayan promovido actuación alguna para intentar remediar la situación. Así se recoge, por ejemplo, en la **sentencia de la Audiencia Provincial de Barcelona n.º 257/2018, de 5 de junio, ECLI:ES:APB:2018:5739**, que, con relación a este tema, y en un supuesto en el que la sentencia de primera instancia limitaba el periodo de privación a un año por entender que tras la demanda se había atemperado la intensidad de la perturbación convivencial, recoge que:

> «También debe catalogarse como irreprochable aquella decisión. Se subraya al respecto que en el contexto de las acciones de esta naturaleza lo sancionable no es sino el anómalo y antisocial ejercicio del derecho, que resulta patente y notorio cuando quedan justificados actos incívicos, de notoria importancia, que traspasan el umbral de la mera incomodidad para convertirse en actitudes reprobables que conforman una perturbación grave de la convivencia vecinal, por su intensidad y duración.
>
> Como se significa en la sentencia del Tribunal Superior de Justicia de Catalunya de 20 febrero 2012, cuando se trata actividades molestas, el conflicto surgido en un inmueble sujeto a la propiedad horizontal debe resolverse acudiendo a los principios de normalidad en el uso y tolerabilidad de las mismas atendidas las condiciones del lugar y la naturaleza de los inmuebles, conforme los dictados de la buena fe. Y se invocaba la STC 28/1999, de 8 de marzo, que proclamaba que han de considerarse dentro de las actividades molestas no solo las inmisiones intolerables, sino toda actividad que, por la trascendencia de la misma, pueda exceder de lo socialmente admisible, entendiendo por tal el mínimo respeto a la convivencia de los ocupantes del inmueble.
>
> Por lo demás, **resulta también justificada la extensión de la condena a los propietarios del inmueble NUM002 NUM002 y progenitores de la** ocupante, ya que de la documental aportada a las actuaciones se infiere que estuvieron presentes en las juntas de 12 de noviembre de 2010, 21 de marzo de 2011 y 19 de marzo de 2012, y que en todas ellas se les requirió para que cesaran las molestias. Fueron conocedores desde un principio, consecuentemente, de la problemática suscitada en relación con el comportamiento de la usuaria de la vivienda de su titularidad, y **no consta**, sin embargo, **que promovieran actuación alguna dirigida a afrontar y remediar aquella indeseable coyuntura**».

Sobre la naturaleza de esta medida también se ha pronunciado la **sentencia de la Audiencia Provincial de Barcelona n.º 133/2018, de 22 de marzo, ECLI:ES:APB:2018:2130**, en el sentido de entender que:

> «Debe inicialmente precisarse que la sentencia de instancia no adopta la medida de privación del uso de la vivienda a modo de sanción, sino como medio de restauración de la normalidad y el sosiego en la convivencia vecinal y, singularmente, por razones de protección de la seguridad de los integrantes de la Comunidad y de la propia Sra. Beatriz.
>
> (...)
>
> Se trata, en síntesis, de **una manifestación de la preeminencia del interés general en el ámbito de las Comunidades de Propietarios**. Lo subra-

yaba así la Exposición de Motivos de la Ley de Propiedad Horizontal estatal de 1960: "El sistema de derechos y deberes en el seno de la propiedad horizontal aparece estructurado en razón de los intereses en juego. Los derechos de disfrute tienden a atribuir al titular las máximas posibilidades de utilización, con el límite representado tanto por la concurrencia de los derechos de igual clase de los demás cuanto por el interés general, que se encarna en la conservación del edificio y en la subsistencia del régimen de propiedad horizontal, que requiere una base material y objetiva. Por lo mismo, íntimamente unidos a los derechos de disfrute aparecen los deberes de igual naturaleza. Se ha tratado de configurarlos con criterios inspirados en las relaciones de vecindad, procurando dictar unas normas dirigidas a asegurar que el ejercicio del derecho propio no se traduzca en perjuicio del ajeno ni en menoscabo del conjunto, para así dejar establecidas las bases de una convivencia normal y pacífica"».

A TENER EN CUENTA. La acción de cesación aparece también regulada en el art. 7.2 de la Ley 49/1960, de 21 de julio, sobre propiedad horizontal, pero dicha regulación no es de aplicación a los inmuebles ubicados en Cataluña.

Casuística de la acción de cesación según el CC de Cataluña

Son muy numerosos y variados los supuestos que pueden dar lugar a la acción de cesación, pudiendo citar como ejemplo los referidos a:

|| Conducta antisocial de alguno de los vecinos

La **sentencia de la Audiencia Provincial de Barcelona n.° 249/2019, de 17 de mayo, ECLI:ES:APB:2019:5642**, en un supuesto en el que los vecinos de la comunidad refieren ruidos, humos, olores, basura, amenazas e insultos por parte de los propietarios de una de las viviendas y ejercitan la acción de cesación, se pronuncia en el sentido de entender que:

> «(...) justamente el marco de convivencia que antes hemos señalado como referente **no exige una prueba penal** sobre la calificación de ciertas conductas, **tampoco que hayan sido acreedoras de una sanción administrativa** sino que, en el sentido que expresa el Tribunal Superior de Justicia de Cataluña, hemos de entender actividad molesta con trascendencia a los efectos contemplados en el art 553.40 del CC de Cataluña, no solo las inmisiones intolerables, sino toda actividad que exceda de lo socialmente admisible, considerado el mínimo respeto a la convivencia de los ocupantes del inmueble. **No puede considerarse bajo ningún punto de vista que la situación de enfrentamiento, molestias, ruido, intervenciones policiales y denuncias administrativas dirigidas contra los demandados, corresponda a una convivencia ordinaria**, y acreditada esta, deberemos otorgar la consecuencia prevenida que no será sino la condena de los demandados al cese de las actividades que afectan a

la normal convivencia en la Comunidad con la advertencia de que, caso de persistir en las mismas, podrán ser privados del uso y disfrute de la vivienda que ocupan por un término que puede llegar a dos años, señalándoles igualmente que podrá serles reclamada por la Comunidad la indemnización correspondiente a los perjuicios causados, todo ello conforme a lo establecido en el art 553 . 40 del CC de Cataluña, si bien entendemos que estas últimas consecuencias no cabría establecerlas en el trámite de ejecución de sentencia sino, si así se solicitare, en procedimiento en el que se justifique tanto la persistencia en la actividad molesta como la acreditación de los perjuicios correspondientes».

Otro caso de vecinos incívicos lo encontramos en la **sentencia de la Audiencia Provincial de Barcelona n.º 257/2018, de 5 de junio, ECLI:ES:APB:2018:5739**, en la que se demanda tanto a los propietarios como a la ocupante de una de las viviendas que perturbaba gravemente la convivencia de los vecinos de la comunidad, llegando incluso a requerir en algunos casos la intervención policial a consecuencia de ruidos, molestias e incluso peleas, alegando los demandados que la causa de la demanda es la animadversión de alguno de los vecinos, la fragilidad de la estructura del edificio que facilita la propagación de los ruidos y que parte de las intervenciones policiales se debieron a que la propia ocupante solicitó la presencia de la policía por haber sido víctima de malos tratos. El tribunal entiende que las alegaciones de los demandados no pueden justificar su conducta y confirma la condena contenida en la sentencia recurrida:

> «(...) Se subraya al respecto que en el contexto de las acciones de esta naturaleza lo sancionable no es sino el anómalo y antisocial ejercicio del derecho, que resulta patente y notorio cuando quedan justificados **actos incívicos, de notoria importancia, que traspasan el umbral de la mera incomodidad para convertirse en actitudes reprobables que conforman una perturbación grave de la convivencia vecinal, por su intensidad y duración.**
>
> Como se significa en la sentencia del Tribunal Superior de Justicia de Catalunya de 20 febrero 2012, cuando se trata actividades molestas, el conflicto surgido en un inmueble sujeto a la propiedad horizontal debe resolverse acudiendo a los **principios de normalidad en el uso y tolerabilidad** de las mismas atendidas las condiciones del lugar y la naturaleza de los inmuebles, conforme los dictados de la **buena fe.** Y se invocaba la STC 28/1999, de 8 de marzo, que proclamaba que han de considerarse dentro de las actividades molestas no solo las inmisiones intolerables, sino toda actividad que, por la trascendencia de la misma, pueda exceder de lo socialmente admisible, entendiendo por tal el mínimo respeto a la convivencia de los ocupantes del inmueble».

También podemos citar aquí la **sentencia de la Audiencia Provincial de Girona n.º 39/2015, de 4 de marzo, ECLI:ES:APGI:2015:285**, en la que se condena a una vecina a cesar de manera inmediata y definitiva en la producción de ruidos que voluntaria y conscientemente llevaba a cabo para perjudicar a sus vecinos, llegando incluso a privarle del uso de la vivienda durante 3 meses y fijando una indemnización a favor de la vecina más perjudicada, o la **sentencia de la Audiencia Provincial de Barcelona n.º 100/2016, de 24 de febrero, ECLI:ES:APB:2016:4788**, que confirma la condena a cesar en las molestias causadas a la comunidad (música alta, ruidos, peleas, altercados con los vecinos...), así como al desalojo de la vivienda, resolviendo los derechos que legitimaban su ocupación.

|| Locales de hostelería

Una preocupación habitual en las comunidades de propietarios es el destino que se le va a dar a sus locales comerciales, siendo frecuentes los supuestos en los que se ejercita la acción de cesación ante las actividades realizadas en locales destinados a la hostelería. Podemos citar, como ejemplo, la **sentencia de la Audiencia Provincial de Barcelona n.º 240/2020, de 30 de junio, ECLI:ES:APB:2020:6180**, en la que la comunidad de propietarios ejercita la acción de cesación por entender que las actividades realizadas por los demandados en los locales de la mentada comunidad (estando dedicado uno a bar y otro a pizzería) son contrarias a la convivencia, están prohibidas por los estatutos y contravienen lo establecido en la ley, ya que se utilizan zonas comunes para el desarrollo de la actividad hostelera, ocasionando molestias a los vecinos derivadas de los ruidos, suciedad y daños en elementos comunes. El tribunal concluye que:

> «De lo expuesto, se estima que ha existido un uso indebido de las zonas de paso a través de mobiliario y clientes de ambos establecimientos, lo que se conceptúa como una actividad contraria a la convivencia normal encuadrable en el artículo 553-40. 1 del CCCat. y que si bien se ha ido moderando desde la interposición de la demanda e incluso con la demanda de conciliación, no elimina de objeto al presente procedimiento.

> Frente a ello y entrando en el análisis en concreto de las facultades de goce del titular de un local comercial radicado en la planta baja de un edificio residencial de diferentes plantas sujeto a propiedad horizontal, hay que partir de **la norma general contenida en los artículos 7.2 LPH y 553-40.1 CCC, a cuyo tenor el propietario y ocupante de un elemento privativo puede desarrollar en él cualquier actividad salvo aquellas excluidas por los estatutos, la normativa urbanística y la ley, o aquellas otras que resulten contrarias a la convivencia normal en la comunidad o que dañen el inmueble.**

> En el supuesto enjuiciado no consta restricción alguna derivada de los estatutos o de la normativa general respecto de los locales de la planta baja del inmueble litigioso, por lo que es admisible toda actividad comercial lícita que se desarrolle en ellos, en concreto la de restauración, a la que están dedicados ambos establecimientos de los demandados.

> Por ello, la solución pasa por **encontrar el equilibrio entre las obligaciones y derechos de la Comunidad y los de los titulares de los establecimientos demandados**, por lo que apreciándose probado un uso indebido de las zonas comunes por parte de los establecimientos, debe estimarse

el recurso en el sentido de estimar sustancialmente la demanda y condenar a los demandados al cese inmediato de las referidas actividades, con la prohibición de utilizar los elementos comunes colocando sillas, mesas, parasoles, publicidad, cajas de productos, así como otros mobiliarios y objetos, y de utilizar los elementos comunes para el ejercicio de su negocio, más allá del paso necesario para acceder, prohibiéndose asimismo el acceso de los clientes para consumir en dichas zonas y la permanencia en ellas realizando actividades contrarias a la convivencia normal, que sean molestas para los vecinos, en particular ruido y que ensucien los elementos comunes».

También cabe citar aquí la **sentencia de la Audiencia Provincial de Barcelona n.º 2/2014, de 8 de enero, ECLI:ES:APB:2014:1431,** en la que la comunidad de propietarios ejercita la acción de cesación para evitar las molestias causadas por la actividad de restauración que se lleva a cabo en una vivienda, estableciéndose por la audiencia que:

«En efecto, difícilmente puede sostenerse que un vecino de la finca pueda desarrollar en uno de los pisos del inmueble una actividad de restauración que carece de la preceptiva licencia administrativa por cuanto resulta claro que la misma genera un seria de molestias a los demás ocupantes de los distintos departamentos que no están obligados a soportar, tales como (i) trasiego de personas a horas no habituales que, además, suelen ser especialmente ruidosas, (ii) **peligro derivado de tener instalado en un piso una actividad que no resulta controlada por la administración competente,** (iii) continuos olores en la escalera común y el patio interior derivado de una intensa utilización de la cocina...

Lo que realmente mantiene la parte demandada en esta alzada es que el Sr. Ambrosio no desarrolla en el piso actividad de restauración abierta al público sino que se limita a dar clase de cocina y, en ocasiones, celebra comidas con amigos.

Pues bien, es lo cierto que obra en autos pruebas suficientes para poder afirmar con la instancia que realmente tal actividad de restauración se viene desarrollando en el piso en cuestión, incluso después de haber sido prohibida la misma por el Ayuntamiento de Barcelona».

|| Pisos turísticos

La **sentencia del Tribunal Superior de Justicia de Cataluña n.º 33/2016, de 19 de mayo, ECLI:ES:TSJCAT:2016:3181,** se pronuncia sobre el uso de la vivienda con fines turísticos, partiendo de que:

«Tampoco la actividad per se y **en abstracto supone un daño o peligro para el edificio** en la medida en que el uso intensivo de los elementos comunitarios por el trasiego de los ocupantes, que dicho sea de paso, no es exclusivo de este tipo de actividad, sino de otras como despachos profesionales o locales abiertos al público, puede ser compensado mediante la activación del mecanismo previsto en el art. 553-45,4 CCCat conforme al cual el título de constitución o la Junta pueden establecer un incremento de la participación en los gastos comunes que corresponde a un elemento privativo concreto, en el caso de uso o disfrute especialmente intensivo de elementos o servicios comunes como consecuencia del ejercicio de actividades empresariales o profesionales en el piso o el local».

A continuación, el tribunal realiza un análisis del caso concreto en los siguientes términos:

«En relación con este punto la Sentencia de esta Sala de 28 de abril de 2014 con cita de la STSJC 17/2012, de 20 de febrero, establece la necesidad de que **las actividades que se emprendan en los elementos privativos por sus propietarios o por quienes de ellos traen causa se desarrollen dentro de los límites de la normalidad del uso y tolerabilidad** por los restantes vecinos atendidas las condiciones de lugar y la naturaleza de los inmuebles de acuerdo con las normas de la buena fe.

Ciertamente, como indica la STSJC de 17/2012 de 20 de febrero, la calificación de una concreta actividad como molesta y contraria a la normal convivencia de la comunidad puede dar lugar por su carácter de concepto jurídico indeterminado a un amplio abanico de posibilidades lo que deviene en una cuestión casuística que deberá ser resuelta conforme a las circunstancias de cada caso concreto debiendo entenderse como "normal convivencia" aquella que se produce en circunstancias estándares o que se ajusta a las normas o reglas de conducta predeterminadas o fijadas de antemano.

Dicha sentencia, en relación con actividades de tipo turístico ya determinó que **lo sancionable era al anómalo y antisocial ejercicio del derecho**, revelado por una serie de conductas incívicas continuadas y graves.

Estas conductas se relacionaban en el primer fundamento jurídico de aquella resolución y consistían en el mal uso continuo del ascensor, reiterados ruidos y fiestas nocturnos, actos de vandalismo, suciedad en los rellanos con restos de comida, botellas y preservativas y robos.

En el caso que nos ocupa, sea por el número de habitantes que ocupan la vivienda, sea por una deficiente selección de esos ocupantes, sea por la falta de instrucción sobre las características del inmueble o de las normas de uso de las instalaciones comunes, sea por la falta de control respecto del comportamiento de los ocupantes por parte de la propiedad o de la empresa explotadora, con omisión de las medidas que pueden ser implementadas según el decreto regulador de la actividad, lo cierto es que los turistas que se alojan en el piso NUM002, NUM003, **han reproducido en forma reiterada las conductas irrespetuosas** que, examinadas en la STSJC de fecha 20 de febrero 2012, fueron calificadas por esta Sala como de **actos incívicos de notoria importancia que traspasaban el umbral de la mera incomodidad para convertirse por su duración e intensidad en conductas reprobables que afectan a derechos esenciales de los miembros de la comunidad como son sus derechos económicos y sus derechos a la salud y al descanso** que el ordenamiento jurídico no les obliga a soportar».

En el mismo sentido se pronuncia la **sentencia de la Audiencia Provincial de Barcelona n.º 202/2018, de 20 de marzo, ECLI:ES:APB:2018:2059**, considerando que:

> «(...) las conductas que se declaran probadas (ruidos, fiestas y música a altas horas de la madrugada, olor a marihuana, mala utilización de las zonas comunes y la piscina, molestias y llamadas a timbres....) van más allá de lo que puede considerarse una mera molestia o incomodidad y exceden de lo socialmente admisible, entendiendo por tal el mínimo respeto a la convivencia de los ocupantes del inmueble, y de la razonable tolerancia vecinal, siendo incardinables en la prohibición de los arts. 553-40.1 y 553-47 CCCat».

‖ Animales

Otra de las cuestiones que suele generar controversia en las comunidades de propietarios, y que puede dar lugar a la acción de cesación, está relacionada con la presencia de animales en las viviendas y zonas comunes, cuando se rebasen los límites socialmente admitidos y pueda encajarse la actividad dentro de las recogidas en el art. 553-40 del CCCat.

A modo de ejemplo, podemos traer a colación la **sentencia de la Audiencia Provincial de Barcelona n.º 177/2014, de 14 de mayo, ECLI:ES:APB:2014:5689**, en la que se solicitaba por parte de la comunidad de propietarios el cese de la tenencia de gatos en gran número, que se llevaba a cabo en una de las viviendas de dicha comunidad. Se recoge en la sentencia que:

> «Es decir, queda constatado que las demandadas realizan una actividad en la vivienda, de acogimiento o tenencia de gatos en gran cantidad, que ocasionan al resto de vecinos **molestias e incomodidades por los olores que dichos animales desprenden.**
>
> Por tanto, concurren todos los **requisitos que la jurisprudencia exige para el éxito de la acción de cesación**: 1) que sé de una actividad, lo que supone cierta continuidad o permanencia de la realización de actos singulares (STS 22 diciembre 1970); 2) que la actividad sea incómoda, es decir, molesta para terceras personas que habiten o hayan de permanecer en algún lugar del inmueble en el que se desarrolle la actividad (SSTS 8 abril de 1965, 18 enero 1961 y 30 abril 1966), esto es, que exista un sujeto pasivo determinado al que la actividad incómoda pueda afectar, siendo éste las personas que habitan o hayan de permanecer en la misma finca y no personas indeterminadas o inconcretas (SSTS 7 octubre 1964 y 10 abril 1967); y 3) que la molestia sea notoria y ostensible, esto es, no basta una pequeña dificultad o trastorno, sino que se exige una dosis de gravedad, una afectación de entidad a la pacífica convivencia jurídica lo que obliga a una ponderación de cada caso concreto (STS 8 abril 1965), teniendo sentado el Tribunal Supremo que la base de la notoriedad está constituida por la "evidencia y permanencia en el peligro o en la incomodidad" (S. 20 abril 1965), entendiendo, asimismo, que "...en el concepto de actividad notoriamente incómoda debe incluirse aquella actividad cuyo funcionamiento en

un orden de convivencia, excede y perturba aquel régimen de estado de hecho que es usual y corriente en las relaciones sociales", circunstancia que no nos ofrece duda concurría en el supuesto que nos ocupa».

También la **sentencia de la Audiencia Provincial de Barcelona n.º 488/2019, de 3 de octubre, ECLI:ES:APB:2019:11771,** en la que se resuelve sobre un supuesto en el que la comunidad de propietarios solicitaba el cese de la conducta consistente en dar de comer y de beber a las palomas ya sea desde el alfeizar de sus ventanas, o en las proximidades de la finca, entendiendo que dicha actividad es contraria a la normal convivencia en la comunidad, molesta, incómoda, nociva y en su caso insalubre. Entiende la sala que:

> «En este caso queda acreditado el acto incívico realizado por la demandada y su importancia, conducta dilatada en el tiempo, pues no podemos obviar la previa existencia de la sentencia del año 2008 que ya le prohibía llevar a cabo la actividad —**dar de comer y beber a las palomas**— y que la demandada ha continuado con su actuar y consta acreditado el alcance de las consecuencias de su actuar que **genera unos perjuicios al resto de vecinos que traspasan el umbral de la mera incomodidad**, consistiendo en una perturbación grave de la convivencia vecinal por su intensidad, y duración en el tiempo, conclusión que tiene su apoyo en la prueba testifical y documental obrante en autos, así son de ver los reportajes fotográficos y acta notarial».

Por otra parte, conviene citar también algunos ejemplos en los que los tribunales no han considerado que la actividad pueda llevar aparejada la obligación del cese de la misma por entender que no se reúnen los requisitos establecidos legalmente.

|| Mezquita

En la **sentencia de la Audiencia Provincial de Barcelona n.º 319/2021, de 10 de mayo, ECLI:ES:APB:2021:5104,** se resuelve sobre un supuesto en el que la comunidad de propietarios solicita la condena al cese de la actividad de centro de culto religioso que se lleva a cabo en el local de la planta baja, alegando, entre otras cosas, que la actividad implicaba una gran afluencia de gente que accedían de forma simultánea que realizaban actividades, ocasionando molestias en cuanto a ruido y descanso de los demás ocupantes, y que se cocinaba en el patio de luces (elemento común). La sala desestima el recurso por entender que no «existe una prueba que acredite que por su frecuencia e intensidad sobrepasen las ocasionales molestias que son inherentes a la vida en un edificio sujeto al régimen de propiedad Horizontal, amén de que, en cualquier caso, se trataría de un problema que podría ser evitado compeliendo a la demanda a instalar los mecanismos correspondientes para ello, resultando a todas luces desproporcionado que se pretenda fundar en los mismos la condena de la demandada a cesar en su actividad de Centro Religioso».

|| Barbacoa

Con relación a si el uso de barbacoas puede considerarse como una actividad molesta resulta ilustrativa la **sentencia de la Audiencia Provincial de**

Tarragona n.º 5/2010, de 23 de diciembre, ECLI:ES:APT:2009:1788, que a raíz de un acuerdo en el que se prohíbe el uso de barbacoas en una comunidad de propietarios realiza un análisis de distintas sentencias que versan sobre esta materia destacando, en lo que aquí nos interesa que:

«Finalmente, en cuanto a si el uso de la barbacoa móvil o portátil en los bajos del edificio supone una actividad contraria a la convivencia normal en la comunidad, que dañe o ponga en peligro el edificio, o si supone una inmisión ilegítima que causa daños a la finca o a las personas que habitan en la misma o, por el contrario, si se trata de una inmisión proveniente de una finca que es inocua o que causa perjuicios no sustanciales y que, consecuentemente, debe ser tolerada por el resto de vecinos, debe destacarse que no consta acreditado que el uso de barbacoas en dicha comunidad sea frecuente ni que cause molestias importantes o sustanciales al resto de vecinos, es más, según la fotografía obrante en autos, que refleja el concreto lugar donde se utiliza la barbacoa por el actor, un jardín espacioso al aire libre en la planta baja, lugar que fue reconocido en el acto de juicio tanto por su propietario, el actor, como por la Administradora de la comunidad, que dijo que todos los bajos eran similares, consideramos que, **pese a ser notorio y conocido que el uso de una barbacoa produce humo y olores, si se hace de ella un uso normal y no abusivo para esporádicas funciones de asado o cocina al aire libre, no puede considerarse una actividad peligrosa o molesta pues únicamente produce un perjuicio temporal no sustancial que debe ser tolerado por el resto de vecinos** (...)».

10.
EL PROCESO MONITORIO DE RECLAMACIÓN DE DEUDAS COMUNITARIAS

Una importante fuente de problemas en las comunidades de propietarios son las deudas de los comuneros que no asumen el pago de las cuotas que les corresponden por los gastos comunes. Atendiendo a esta circunstancia, tanto la LPH como el CCCat prevén un procedimiento monitorio especial por el cual la comunidad de propietarios acreedora podrá reclamar a los propietarios de inmuebles pertenecientes a la misma, las deudas derivadas de los gastos comunes del edificio. Tal y como se define en la **sentencia de la Audiencia Provincial de Lleida, n.º 764/2021, de 14 de diciembre, ECLI:ES:APL:2021:1049**, «la Comunidad dispone de un **procedimiento privilegiado para poder reclamar todas las cantidades que le sean debidas** por el impago de los gastos comunes, tanto si son ordinarios como extraordinarios, o del fondo de reserva, mediante el proceso monitorio especial previsto en el art. 553-47.1 CCCat».

En este punto partimos de dos artículos del CCCat:

El art. 551-1.4 del CCCat que recoge que:

> «4. Los gastos comunes pueden reclamarse por el proceso monitorio, de acuerdo con la legislación procesal».

Y el art. 553-47 del CCCat que especifica la reclamación en caso de impago de los gastos comunes en los siguientes términos:

> «1. La comunidad puede reclamar todas las cantidades que le sean debidas por el impago de los gastos comunes, tanto si son ordinarios como extraordinarios, o del fondo de reserva, mediante el proceso monitorio especial aplicable a las comunidades de propietarios de inmuebles en régimen de propiedad horizontal establecido por la legislación procesal.

2. Para instar la reclamación basta con un certificado del impago de los gastos comunes, emitido por quien haga las funciones de secretario de la comunidad con el visto bueno del presidente. En este certificado debe constar la existencia de la deuda y su importe, la manifestación de que la deuda es exigible y que se corresponde de forma exacta con las cuentas aprobadas por la junta de propietarios que constan en el libro de actas correspondiente, y el requerimiento de pago hecho al deudor».

El proceso monitorio, preceptuado desde el artículo 812 al artículo 818 de la Ley de Enjuiciamiento Civil, se constituye como una alternativa rápida y ágil para la reclamación de deudas dinerarias, que se centra en que la parte interesada presente ante el tribunal un documento con el que pueda acreditar la existencia de una deuda dineraria, vencida, líquida, determinada y exigible.

> **CUESTIÓN**
>
> **¿Existe algún límite a la cantidad que se puede reclamar mediante el procedimiento monitorio?**
>
> No, no existe límite cuantitativo, se puede reclamar cualquier deuda sea cual sea su importe.

Aunque este sea un procedimiento especifico en propiedad horizontal, la deuda reclamada, al igual que en los demás procedimientos monitorios, debe de ser siempre:

- Determinada.
- Dineraria.
- Vencida.
- Líquida.
- Exigible.

Por tanto, se podrá acudir a este procedimiento para exigir el pago de todas las cantidades que le sean debidas en concepto de gastos comunes, tanto si son ordinarios como extraordinarios, o del fondo de reserva.

Una de las principales ventajas del procedimiento monitorio es que podrá ser competente el juzgado del lugar en donde se halle la finca, lo que supone una excepción al fuero general de la LEC de domicilio del demandado.

También resulta ventajoso el hecho de que ante la falta de oposición del deudor se obtendrá título ejecutivo directo.

Como contra partida, el procedimiento monitorio presenta la desventaja de que en el mismo no cabe la acumulación de las cuotas de la comunidad que se vayan devengando con posterioridad a la presentación de la demandada, como sí puede hacerse en los juicios declarativos, en los que podría obtenerse sentencia condenando al pago de la deuda actualizada.

Tal y como se recoge en el CCCat, para instar la reclamación del procedimiento monitorio basta con un **certificado del impago de los gastos comunes**. Este certificado debe ser emitido por quien haga las funciones de secretario de la comunidad y con el visto bueno del presidente. Cabe entender que el visto bueno del presidente sería subsanable, tal y como se establece en el **auto de la Audiencia Provincial de Barcelona, n.º 56/2022, de 14 de febrero, ECLI:ES:APB:2022:762A**, que recoge que:

> «Sobre esta base cabría objetar, como hace la resolución de instancia, que resultan presupuestos esenciales para la admisión del procedimiento monitorio escogido por la Comunidad actuante. El Tribunal Superior de Justicia de Cataluña, en su sentencia 100/2018, de 28 de diciembre, ha señalado, en relación con la expresión formal de la actuación comunitaria, con cita de la sentencia del Tribunal Supremo, de 24 de junio 2016, que "... basta que conste la voluntad de la Junta para accionar sin que quepa exigir adiciones superfluas o formulas sacramentales que no aportarían nada esencial a la expresión de la voluntad de la junta. En el mismo sentido la STSJCat de 7 de noviembre de 2011...".
>
> En este supuesto, como en el examinado por el Tribunal de Casación en Derecho Civil Catalán no apreciamos problema de legitimación para la reclamación realizada, ya que la voluntad de la Junta está claramente expresada, y el presidente de la comunidad ha comparecido mediante Procurador en nombre y representación de esta, quedando abierta la opción de subsanación, en su caso, si así se creyera necesario. De otro lado consta certificación de la Junta que lo hace sobre el importe objeto de reclamación».

El contenido mínimo del certificado de impago sería:

- La existencia de la deuda.

- El importe (cuantía) de la deuda.

- La manifestación de que la deuda es exigible, y que se corresponde de forma exacta con las cuentas aprobadas por la junta de propietarios que constan en el libro de actas.

> **A TENER EN CUENTA.** La certificación de deuda es requisito imprescindible en el monitorio, pero no así cuando se opta por el proceso declarativo (verbal u ordinario) para reclamar la deuda. Así lo expone la **sentencia de la Audiencia Provincial de Tarragona, n.º 152/2020, de 21 de mayo, ECLI:ES:APT:2020:474**, que citando la **sentencia de la Audiencia Provincial de Barcelona, n.º 110/2019, de 4 de marzo, ECLI:ES:APB:2019:1474**, recoge que: «La falta de una certificación de la deuda sería decisiva si la parte se hubiera valido del expediente rápido del juicio monitorio, pues en nuestro derecho tiene marcado carácter documental y la propia Ley ya señala que, para reclamar cuotas comunitarias pendientes de pago, debe acompañarse una certificación de impago de cantidades debidas en concepto de gastos comunes (ex. Art 812.2.2.º LEC y art. 553-47.2 CCCat), pero dicho certificado no es necesario, por más que pueda ser conveniente, cuando la parte decide reclamar su pago en un proceso declarativo, por lo que el recurso debe prosperar».

También se exige que conste el **requerimiento de pago** hecho al deudor, si bien este podrá figurar en documento aparte. A la hora de realizar el requerimiento de pago, tal y como se afirma en la **sentencia de la Audiencia Provincial de Barcelona, n.° 40/2022, de 28 de enero, ECLI:ES:APB:2022:674**, habrá que atender al art. 553-21.2 del CCCat, que regula las convocatorias a la junta de propietarios, y dispone que: «Las convocatorias, citaciones y notificaciones, salvo que los estatutos establezcan expresamente otra cosa, deben enviarse, con una antelación mínima de ocho días naturales, a la **dirección comunicada por el propietario** a la secretaría. El envío puede hacerse por correo postal o electrónico, o por otros medios de comunicación, siempre y cuando se garantice la autenticidad de la comunicación y de su contenido. Si el propietario no ha comunicado dirección alguna, deben enviarse al **elemento privativo del que es titular**. Además, el anuncio de la convocatoria debe publicarse con la misma antelación en el **tablón de anuncios de la comunidad o en un lugar visible** habilitado a tal efecto. Dicho anuncio produce el efecto de notificación efectiva cuando la personal no ha tenido éxito».

El ya mentado **auto de la Audiencia Provincial de Barcelona n.° 56/2022, de 14 de febrero, ECLI:ES:APB:2022:762A**, se pronuncia sobre este requisito en los siguientes términos:

> «En referencia la último requisito, concernido en el **previo requerimiento de pago efectuado al deudor**; en este supuesto la remisión que realiza el art. 553-47.1 del Código Civil de Cataluña al procedimiento monitorio establecido por la legislación procesal, modifica el régimen de esta, en cuanto **el art 812.2.2.ª de la LEC permite acudir al proceso monitorio a quien pretenda de otro el pago de deuda** dineraria de cualquier importe, líquida, determinada, vencida y exigible, cuando la deuda se acredite mediante certificaciones de impago de cantidades debidas en concepto de gastos comunes de Comunidades de propietarios de inmuebles urbanos **sin imponer ningún requerimiento de pago** previo de ninguna clase en cuanto el art 815 LEC lo que prevé es justamente el posterior a la formulación de la petición de juicio monitorio, estableciendo incluso su regularidad en el siguiente modo:
>
> "...2. En las reclamaciones de deuda a que se refiere el número 2.° del apartado 2 del artículo 812, la notificación deberá efectuarse en el domicilio previamente designado por el deudor para las notificaciones y citaciones de toda índole relacionadas con los asuntos de la comunidad de propietarios. Si no se hubiere designado tal domicilio, se intentará la comunicación en el piso o local, y si tampoco pudiere hacerse efectiva de este modo, se le notificará conforme a lo dispuesto en el artículo 164 de la presente Ley ...".
>
> De este modo, y en los términos justamente analizados por la sentencia 100/2018 antes citada, se plantea un **solapamiento de normativa que, en modo alguno puede perjudicar las legítimas expectativas del peticionario**, máxime cuando señala la imposibilidad de identificar un domicilio de los demandados. Así debe ceder la interpretación restrictiva que dejaría sin contenido la naturaleza expeditiva que el Legislador ha querido atribuir a las cuentas comunitarias, y considerar que una adecuada aplicación de la doctrina constitucional antes expresada proscribe a Juzgados y Tribunales los excesos formalistas que conviertan los requisitos en meros obstáculos procesales impeditivos de la tutela judicial efectiva. El motivo se estima».

CUESTIONES

1. ¿Debe acompañarse a la demanda el acuerdo de la junta de propietarios de liquidación de deuda?

Esta cuestión encuentra respuesta en la sentencia de la **Audiencia Provincial de Barcelona, n.º 606/2021, de 5 de noviembre, ECLI:ES:APB:2021:12526**, que afirma que: «la Ley aplicable al caso, por razones del principio de territorialidad, que es el Codi Civil de Catalunya (CCC), a diferencia del art. 21.1 de Ley de Propiedad Horizontal, no exige, normativamente, en el supuesto de reclamación en procedimiento monitorio en caso de impago de los gastos comunes [art 553- 47 (modificado por el art. 1 de la Ley 5/2015, de 13 de mayo)] que se presente el acuerdo de la junta de propietarios amparando la reclamación».

2. ¿Existen diferencias entre la regulación de los requisitos exigidos para iniciar el monitorio en la LPH y en el CCCat?

Sí, la Audiencia Provincial de Girona deja constancia de estas diferencias en su **auto de la Audiencia Provincial de Girona, n.º 111/2021, de 17 de mayo, ECLI:ES:APGI:2021:480A**: «Como vemos, el Código civil de Cataluña regula de una forma muy similar los requisitos documentales para iniciar el proceso monitorio establecido en la L.E.C. a como lo hace el artículo 21 de la Ley de Propiedad Horizontal con una pequeña diferencia, en este se exige acreditar haber notificado el acta de la junta, pero no exige reclamación previa tras el certificado emitido de la deuda, mientras que aquel, no exige la notificación del acta, dando por supuesto que se ha efectuado, pero si exige un requerimiento de pago».

Jurisdicción, competencia y legitimación en el proceso monitorio

La competencia territorial corresponderá, a elección de la comunidad, entre (artículo 813 de la LEC):

- **Juzgado de primera instancia del domicilio o residencia del deudor** o, si no fueren conocidos, el del lugar en que el deudor pudiera ser hallado a efectos del requerimiento de pago por el tribunal.
- **Juzgado del lugar en donde se halle la finca.**

En cuanto a la legitimación, hay que destacar que la **legitimación activa** la ostenta la comunidad de propietarios, mientras que la **legitimación pasiva** la tendrá el propietario moroso.

CUESTIONES

1. En los casos en los que existe un usufructuario, ¿la legitimación pasiva corresponde al usufructuario o al nudo propietario?

En estos casos la acción deberá dirigirse siempre contra el propietario.

2. ¿Qué ocurre en el caso de que existan distintos propietarios?

El art. 553-4.1 del CCCat establece que: «1. Todos los propietarios son titulares mancomunados, tanto de los créditos constituidos a favor de la comunidad como de las deudas contraídas válidamente en su gestión, de acuerdo con las respectivas cuotas de participación».

3. ¿Y en el caso de que exista sentencia atribuyendo el uso a uno de los propietarios, por ejemplo, en un divorcio?

Frente a las deudas comunitarias responden igualmente todos los propietarios, tal y como se recoge, por ejemplo, en la **sentencia de la Audiencia Provincial de Barcelona, n.º 83/2022, de 16 de febrero, ECLI:ES:APB:2022:1424**, que, a pesar de que el art. 233-23.2 del CCCat recoge que: «Los gastos ordinarios de conservación, mantenimiento y reparación de la vivienda, incluidos los de comunidad y suministros, y los tributos y las tasas de devengo anual corren a cargo del cónyuge beneficiario del derecho de uso», entiende que: «En este punto, debe confirmarse la sentencia de instancia por cuanto la legitimación pasiva le viene dada a la Sra. Miriam por su condición de copropietaria de la vivienda, no siendo de aplicación lo dispuesto en el art. 233-23 CCCat que se refiere a las relaciones personales entre quienes fueron pareja, pero que no es oponible a la Comunidad frente a la cual responden de las deudas comunitarias todos los propietarios de la vivienda».

Es importante destacar que el art. 553-7 recoge en sus apartados 2 y 3 que:

«2. Los propietarios, en los casos de arrendamiento o de cualquier otra transmisión del disfrute del elemento privativo, son responsables ante la comunidad y terceras personas de las obligaciones derivadas del régimen de propiedad horizontal.

3. La persona que enajena un elemento privativo debe comunicar el cambio de titularidad a la secretaría de la comunidad. Mientras no lo comunique responde solidariamente de las deudas con la comunidad».

Petición inicial de procedimiento monitorio y tramitación

El procedimiento monitorio (art. 814 de la LEC) comienza por petición del acreedor, en este caso la comunidad de propietarios, en la que debe figurar:

- La identidad del deudor.

- El domicilio o domicilios del acreedor y del deudor, o el lugar en que residan o puedan ser hallados.

- El origen y la cuantía de la deuda. En este caso el origen de la deuda se corresponderá con todas las cantidades que le sean debidas a la comunidad en concepto de gastos comunes, tanto si son ordinarios como extraordinarios, o del fondo de reserva.

- Los documentos que acreditan la deuda, siendo en este caso imprescindible:

  - La certificación del impago de los gastos comunes, emitida por quien haga las funciones de secretario de la comunidad con el visto bueno del presidente.

  - El documento acreditativo que constate el requerimiento de pago hecho al deudor.

  - El acta de la junta en la que se acuerde la autorización para acudir a este procedimiento y exigir judicialmente el pago de la deuda. No podemos olvidar que, si bien al presidente le corresponde representar a la comunidad judicialmente, los tribunales le exigen una autorización de la junta.

CUESTIÓN

¿Es preceptiva la intervención de abogado y procurador en la petición inicial del procedimiento monitorio?

No, en la petición inicial de los procesos monitorios no será necesaria la intervención de abogado y procurador independientemente de la cuantía. Si el deudor presenta oposición y el juzgado lo deriva a un juicio verbal u ordinario, acudiríamos a la norma general según la cual será necesario cuando la cantidad reclamada ascienda a más de 2.000 euros.

Dispone la LEC que, tras examinar la documentación y, de ser esta la requerida, el letrado de la Administración de Justicia (LAJ) requerirá al deudor para que en el plazo de 20 días pague la cantidad reclamada o comparezca ante el tribunal y alegue mediante escrito de oposición las razones por las que entiende que no debe la cantidad reclamada, en todo o en parte, apercibiéndole de que, en caso de falta de pago u oposición se despachará ejecución contra él.

Establece el art. 815.2 de la LEC que en estos casos: «(...) la notificación deberá efectuarse en el domicilio previamente designado por el deudor para las notificaciones y citaciones de toda índole relacionadas con los asuntos de la comunidad de propietarios. Si no se hubiere designado tal domicilio, se intentará la comunicación en el piso o local, y si tampoco pudiere hacerse efectiva de este modo, se le notificará conforme a lo dispuesto en el artículo 164 de la presente Ley».

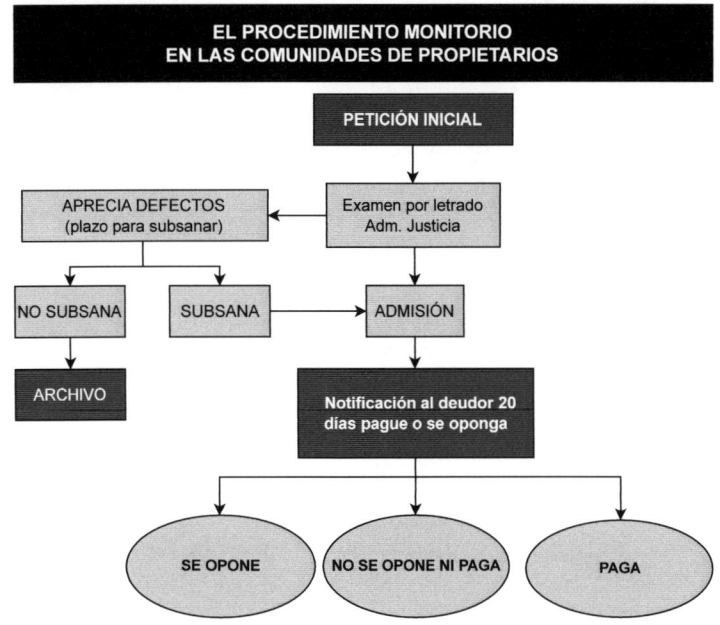

A continuación, hay que distinguir varias posibilidades, según **exista o no oposición del deudor**:

- En caso de que no haya oposición del deudor ni este hubiese atendido el requerimiento de pago, el LAJ dictará decreto dando por terminado el proceso monitorio y dará traslado al acreedor para que inste el despacho de ejecución, siendo suficiente para ello la mera solicitud. Si el deudor realiza el pago, el LAJ acordará el archivo de las actuaciones.

- En caso de existencia de oposición del deudor al pago de la cantidad exigida por el acreedor, el asunto se resolverá definitivamente en juicio que corresponda (verbal u ordinario) en función de la cuantía de la reclamación, teniendo la sentencia que se dicte fuerza de cosa juzgada.

> **CUESTIÓN**
>
> **¿El escrito de oposición debe ir firmado por abogado y procurador?**
>
> El escrito de oposición debe ir firmado por abogado y procurador cuando su intervención fuese necesaria por razón de la cuantía, según las reglas generales (art. 818.1 de la LEC en su párrafo tercero).

En el caso de juicio verbal (cuantía no superior a 15.000 euros), al actor se le dará traslado de la oposición, que podrá impugnar en el plazo de 10 días. Tanto el actor en el escrito de impugnación como el deudor en su escrito de oposición deberán indicar, en su caso, la procedencia de la celebración de la vista.

Para el caso de que la cuantía suponga el trámite por los cauces del juicio ordinario, esto es, con una cuantía superior a 15.000 euros, el peticionario tendrá el plazo de un mes desde el traslado de la oposición, para que presente demanda. En caso de que no la presente el letrado de la Administración de Justicia dictará decreto sobreseyendo las actuaciones y condenando en costas al acreedor, que en este caso es la comunidad de propietarios. Si se presenta la demanda en plazo, se acordará el traslado al demandado en el propio decreto que pone fin al proceso monitorio.

> **A TENER EN CUENTA.** Las cuantías de los juicios verbales y ordinarios han sido modificadas por el Real Decreto-ley 6/2023, de 19 de diciembre, con entrada en vigor el 20/03/2024, elevándose de los 6.000 euros a los 15.000.

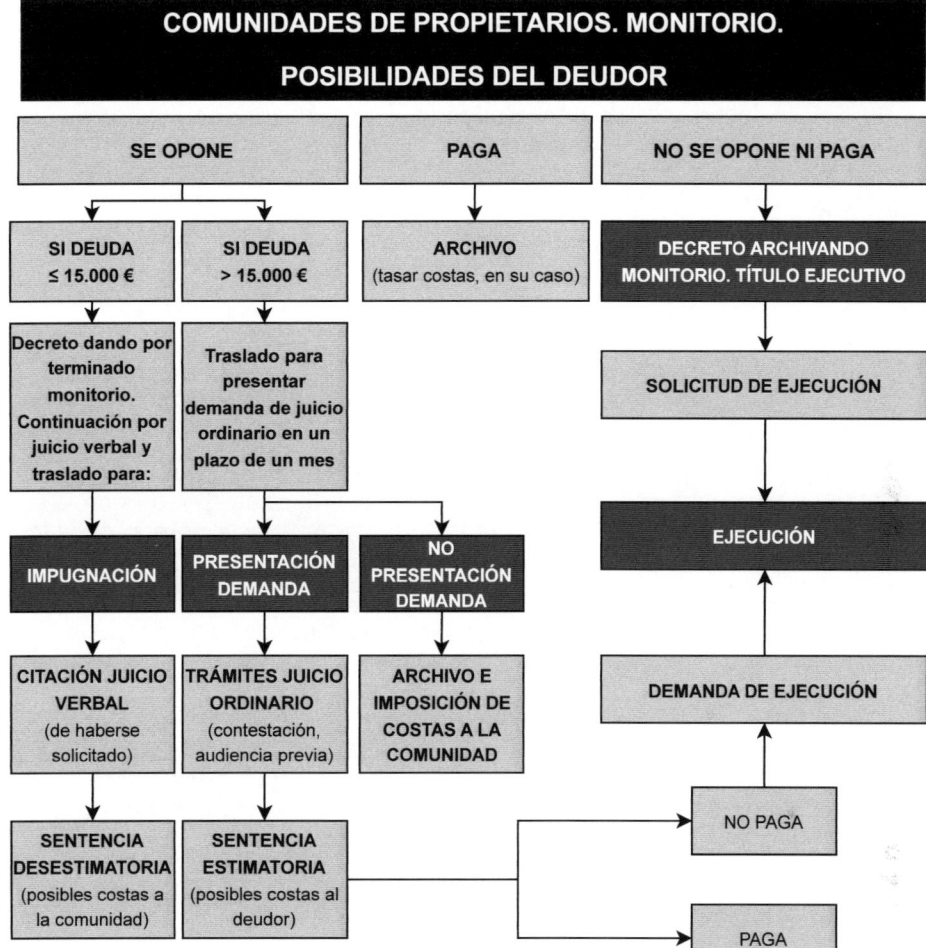

A TENER EN CUENTA. El art. 449.4 de la LEC dispone que: «En los procesos en que se pretenda la condena al pago de las cantidades debidas por un propietario a la comunidad de vecinos, no se admitirá al condenado el recurso de apelación o casación si, al interponerlos, no acredita tener satisfecha o consignada la cantidad líquida a que se contrae la sentencia condenatoria. La consignación de la cantidad no impedirá, en su caso, la ejecución provisional de la resolución dictada». Véase, por ejemplo, la **sentencia de la Audiencia Provincial de Barcelona n.º 485/2021, de 12 de julio, ECLI:ES:APB:2021:7352**, en la que se desestima el recurso precisamente por no haber consignado la cantidad objeto de condena en el momento de interponer el recurso de apelación, ni con posterioridad, a la vista de la alegación de la parte contraria.

Ejecución y costas en el procedimiento monitorio en materia de comunidad de propietarios

En los casos de falta de pago o contestación ante el requerimiento previo, el LAJ dictará decreto dando por terminado el proceso monitorio, y dará traslado a la comunidad para que inste el despacho de ejecución, bastando para ello con la mera solicitud, sin necesidad de que transcurra el plazo de 20 días previsto en el art. 548 de la LEC. (Art. 816 de la LEC).

En los casos de oposición y tramitación del declarativo —verbal u ordinario— que corresponda, habrá que dejar transcurrir el plazo de 20 días desde la firmeza de la sentencia para poder instar la ejecución mediante la presentación de demanda con los requisitos del artículo 549 de la LEC.

Tanto desde el dictado del decreto como desde el dictado de la sentencia se devengará el interés de mora procesal del artículo 576 de la LEC, es decir, el interés legal del dinero incrementado en dos puntos.

La ejecución nunca podrá dirigirse contra un propietario que no hubiese sido parte en el previo procedimiento declarativo, de conformidad con el artículo 542 de la LEC. De ahí la importancia de demandar siempre a todos los copropietarios del piso o local.

En la solicitud de ejecución podrá solicitarse la averiguación de bienes del deudor a fin de trabar los correspondientes embargos sobre cuentas, salarios, pensiones, etc. En caso de que el deudor no disponga de liquidez, el procedimiento se complica pues habrá que dirigirse contra la finca instando el embargo de la vivienda o local para su posterior realización. El primer escollo con el que se pueden topar las pretensiones de la comunidad viene determinado por el artículo 584 LEC, ya que existen juzgados renuentes a decretar embargos sobre viviendas o locales ante la desproporción entre su valor y la cuantía por la que se despacha ejecución.

> **CUESTIÓN**
>
> **¿Existe algún límite a la cantidad que puede imponerse por costas?**
>
> El art. 394 de la LEC se refiere a los límites que se aplican a la cantidad que el deudor deberá pagar, es decir, no podrán suponer una cantidad total superior a la tercera parte de la cuantía del proceso, salvo que el tribunal declare la temeridad del condenado en costas.

En caso de que el demandado sea beneficiario de asistencia jurídica gratuita se podrán tasar las costas, pero solo deberá abonarlas si dentro de los tres años siguientes a la terminación del proceso viniere a mejor fortuna, quedando mientras tanto interrumpida la prescripción del art. 1967 del CC (artículo 36.2 de la Ley 1/1996, de 10 de enero, de Asistencia Jurídica Gratuita). Se entenderá que ha mejorado de fortuna cuando sus ingresos y recursos económicos por todos los conceptos superen el doble del módulo previsto en el artículo 3 de la citada LAJG para el reconocimiento del derecho, o si se hubieren alterado sustancialmente las circunstancias y condiciones tenidas en cuenta para reconocer el derecho.

CUESTIÓN

¿Cuál es el plazo de prescripción para la reclamación de las deudas comunitarias?

En estos casos el plazo sería de 10 años, tal y como recoge la **senten-cia de la Audiencia Provincial de Barcelona n.° 40/2022, de 28 de enero, ECLI:ES:APB:2022:674:**

«(...) el plazo de prescripción aplicable es el de 10 años, por cuanto dicha solución coincide con el criterio unificado acordado por los Presidentes de las Secciones Civiles de esta Audiencia Provincial de Barcelona en su reunión de 15 de noviembre de 2019, cuando concluyeron que el plazo de prescripción de la acción de reclamación de cuotas de las comunidades de propietarios es el general de 10 años previsto en el artículo 121-20 CCCat».

A TENER EN CUENTA. A pesar de que el procedimiento especial monitorio de las comunidades de propietarios está pensado para reclamaciones en las que el demandante es la propia comunidad que reclama a sus vecinos morosos, también es posible que, mediante un procedimiento monitorio común se le reclamen a la comunidad las deudas que esta tenga con sus acreedores. En estos casos podrían resultar responsables subsidiariamente los propios comuneros, si se dan las circunstancias que se recogen jurisprudencialmente, por ejemplo, en la **sentencia de la Audiencia Provincial de Barcelona n.° 590/2017, de 13 de septiembre, ECLI:ES:APB:2017:10115**, que establece: «Es cierto que el propietario no es un ente ajeno a la comunidad como también lo es que un reglado y ordenado régimen jurídico no soporta que los acreedores se dirijan directamente contra los copropietarios siquiera sea por sus coeficientes, prescindiendo de toda la estructura que, precisamente para la mejor defensa de los intereses de todas las partes implicadas (comunidad y terceros desde el punto de vista de las relaciones externas y comunidad y comuneros entre sí en las internas), ha previsto la Ley para el desenvolvimiento en la vida jurídica de esta clase de comunidades. No se trata tanto de que los propietarios no deban responder de las deudas de las comunidades en las que están integrados, sino de que para hacerlo la Ley exige una serie de **requisitos** de procedibilidad que no se dan en el presente caso. De este modo resulta necesario: a) que conste la **existencia de un crédito contra la comunidad**, lo que hace preciso demandar a ésta cuando su propia existencia, como ocurre en el presente caso, es objeto de controversia, siendo los bienes propios de la comunidad (fondo de reserva y créditos y elementos privativos de beneficio común) los primeros contra los que debe procederse; b) puede dirigirse también la acción contra **los diferentes copropietarios pero para ello deberán ser demandados bien conjuntamente con la comunidad, bien posteriormente y además haber sido requeridos de pago previamente**. Del propio contenido del artículo 553-46 y su numeración CCC se infiere —pese a que no se mencione expresamente la palabra subsidiariedad— que los bienes de los propietarios solo responden cuando la comunidad no cuente con bienes propios ni actúe activamente para conseguirlos de los comuneros mediante la distribución de la deuda en Junta de propietarios».

ANEXO I.
CASOS PRÁCTICOS

Caso práctico | Instalación de ascensor por propietario

PLANTEAMIENTO

El propietario de un edificio, debido al esfuerzo que le supone subir las escaleras que le llevan a la última planta en la que vive, desea que se instale en el edificio un ascensor. ¿Puede iniciar las obras de instalación del ascensor o debe realizar previamente algún tipo de comunicación?

RESPUESTA

No, el propietario no puede iniciar las obras por su cuenta, siendo necesario que la instalación del ascensor sea aprobada por la junta de propietarios.

El **artículo 553-25.2.a)** del CCCat señala que deben aprobarse por mayoría simple de los propietarios que han participado en la votación, que tienen que representar, al mismo tiempo, la mayoría simple del total de sus cuotas de participación «La ejecución de obras o el establecimiento de servicios que tienen la finalidad de suprimir barreras arquitectónicas o la instalación de ascensores, aunque el acuerdo comporte la modificación del título de constitución y de los estatutos o aunque las obras o los servicios afecten a la estructura o la configuración exterior».

A falta de más datos sobre el propietario —edad o posible discapacidad—, debemos señalar que para el supuesto de que el mismo sufra alguna discapacidad o tenga más de 70 años, si no consigue que la instalación del ascensor se apruebe en junta, puede pedir que la autoridad judicial obligue a la comunidad a realizar la obra.

El artículo 553-25.5 del CCCat establece que la autoridad judicial podrá obligar a la comunidad «(...) siempre que sean razonables y proporcionadas, para alcanzar la accesibilidad y transitabilidad del inmueble en atención a la discapacidad que las motiva», pero no establece quien debe satisfacer el importe de las obras, si la comunidad o el interesado, quedando pues al arbitrio del tribunal en cada caso.

La **STSJ de Cataluña, n.º 15/2019, de 21 de febrero, ECLI:ES:TSJCAT:2019:1240**, establece que:

> «12. Decíamos entonces que el silencio de la norma respecto de los requisitos exigidos para obligar a la Comunidad a realizar la instalación, no suponía, obviamente, que los Tribunales estuviesen obligados a acceder en todo caso a la demanda, sino que debían hacer un juicio equitativo en función de las circunstancias de cada caso concreto, siendo necesario que exista un equilibrio entre los derechos de unos y otros propietarios para que no se provoque el efecto contrario al querido por la Ley (integración social de las personas con minusvalías) así como que las decisiones que se tomen sean posibles y ejecutables.
>
> 13. Para realizar este juicio equitativo debía considerarse, por un lado, la clase y tipo de minusvalías físicas o la edad de los concretos peticionarios incluso su número, con independencia de que tales discapacidades hubiesen

sido determinadas en vía administrativa y, de otro, sin ánimo exhaustivo: a) el mantenimiento del propio sistema; b) los derechos que en su caso podrían resultar afectados por la instalación; c) el coste total de las obras; d) la capacidad de la Comunidad y de sus miembros para llevarlas a cabo sin afectar a su propia subsistencia, y, e) las ayudas oficiales previstas y con las que podría contar la Comunidad para sufragar las obras.

14. Asimismo, añadíamos, que todas estas circunstancias que el tribunal debía valorar debían alegarse y acreditarse en la fase declarativa del procedimiento y no en la de ejecución, en tanto que condicionaban la decisión a adoptar».

En esa misma resolución el tribunal deriva para poder realizar la ponderación a la Ley 13/2014, de 30 de octubre, de accesibilidad de Cataluña que define los conceptos de «ajustes razonables» y «proporcionalidad».

Artículo 3

«1. A efectos de lo dispuesto en la presente ley, se entiende por:

(...)

o) Ajustes razonables: las medidas de adecuación físicas, sociales y actitudinales que, de forma eficaz y práctica y sin que conlleven una carga desproporcionada, faciliten la accesibilidad o la participación de una persona con discapacidad en igualdad de condiciones que los demás ciudadanos.

p) Proporcionalidad: la calidad de una medida de mejora de la accesibilidad según la cual los costes o cargas que implica están justificados, atendiendo a los siguientes criterios:

1.º Los efectos discriminatorios que supondría para las personas con discapacidad que la medida no se llevase a cabo.

2.º Las características de la persona, la entidad o la organización que debe llevar a cabo la medida.

3.º La posibilidad de obtener financiación pública u otras ayudas.

(...)».

Caso práctico | Pago de gastos de reparación y mantenimiento de ascensor en comunidad de propietarios

PLANTEAMIENTO

Tengo un piso en propiedad en un edificio situado en Cataluña. Dicho edificio tiene ascensor desde que se construyó, pero no lo utilizo. La semana pasada se estropeó y la comunidad de propietarios se ha encargado de la reparación que (supuestamente) todos los propietarios deben pagar. ¿Estoy obligado a pagar los gastos de mantenimiento y reparación del ascensor a pesar de no utilizarlo?

RESPUESTA

Sí, conforme a la ley todos los propietarios deben contribuir al sostenimiento de los gastos comunes sin que la falta de uso exima del pago.

En un régimen de propiedad horizontal se establece una cuota de participación que sirve de módulo para establecer la participación en las cargas de todos los propietarios. El importe de la contribución de cada propietario a los gastos comunes, ordinarios y extraordinarios será el que se determine en el acuerdo de la junta y de la liquidación de la deuda según la cuota que corresponda.

Tenemos que partir del hecho de que el ascensor es un elemento común del edificio conforme establece el artículo 553-41 del CCCat, por tanto, el mantenimiento del mismo corresponde a todos los propietarios pues así lo dispone el artículo 553-44.1 del CCCat «La comunidad tiene que conservar los elementos comunes del inmueble, de manera que cumpla las condiciones estructurales, de habitabilidad, de accesibilidad, de estanquidad, de seguridad y de eficiencia energética o hídrica, según la normativa vigente y tiene que mantener en funcionamiento correcto los servicios y las instalaciones. **Los propietarios tienen que asumir las obras de conservación y reparación necesarias**».

La falta de uso del ascensor no resulta determinante en cuanto a la obligación de pago de los gastos comunes, por cuanto el **artículo 553-45.2 del CCCat** establece «La falta de uso y disfrute de elementos comunes concretos no exime de la obligación de sufragar los gastos que derivan de su mantenimiento, salvo que una disposición de los estatutos, que solo puede referirse a servicios o elementos especificados de forma concreta, establezca lo contrario y sin perjuicio de lo establecido por el artículo 553-30.2».

Deriva del anterior artículo que, por medio de los estatutos se puede excluir a determinados propietarios del pago de gastos comunes. En el mismo sentido se manifiesta el **artículo 553-11.2 del CCCat** que señala que son válidas las cláusulas estatutarias por «Las que exoneran a determinados propietarios de elementos privativos de la obligación de satisfacer los gastos de conservación de elementos comunes concretos, que pueden incluir las del portal, la escalera, los ascensores, los jardines, las zonas de recreo y demás espacios semejantes».

En este sentido se ha manifestado en múltiples sentencias la jurisprudencia menor. Así la **SAP de Barcelona, n.º 199/2018, de 8 de mayo, ECLI:ES:APB:2018:3393**:

> «II. En el ámbito de la regulación del régimen de propiedad horizontal, el artículo 553-45.1 del Codi civil de Catalunya incorpora la regla general de que los propietarios deben sufragar los gastos comunes en proporción a su cuota de participación, y agrega que la falta de uso y goce de elementos comunes concretos no exime de la obligación de sufragar los gastos que derivan de su mantenimiento.
>
> El artículo 553-11.2 b), sin embargo, admite la validez, entre otras, de las cláusulas estatutarias que exoneran a determinados propietarios de elementos privativos de la obligación de satisfacer los gastos de conservación de elementos comunes concretos, que pueden incluir las del portal, la escalera, los ascensores, los jardines, las zonas de recreo y demás espacios semejantes».

En conclusión, **salvo que una cláusula estatutaria disponga lo contrario, todos los propietarios están obligados al pago de los gastos de mantenimiento y reparación del ascensor, siendo irrelevante el hecho de que no se haga uso de este servicio.**

Caso práctico | Gastos por obras en terrazas comunitarias de uso exclusivo

PLANTEAMIENTO

Soy propietario de un piso en un edificio situado en Cataluña que tiene una terraza de uso exclusivo. Si fuera necesario realizar en esta alguna obra, ¿quién debe hacer frente a los gastos? ¿La comunidad o el propietario?

RESPUESTA

Corresponderá a el propietario, salvo que las obras se deban a vicios de construcción o estructurales o si las reparaciones afectan o benefician a toda la comunidad en cuyo caso le corresponde a la comunidad.

El artículo 553-9.1 del CCCat señala que en el título constitutivo debe hacerse constar la relación de los elementos, instalaciones y servicios comunes de los que dispone el inmueble. En la misma línea, el artículo 553-43.1 del CCCat establece «En el título de constitución o por acuerdo unánime de la junta, se puede vincular a uno o a varios elementos privativos el uso exclusivo de patios, jardines, terrazas, cubiertas del inmueble u otros elementos comunes. Esta vinculación no los hace perder la naturaleza de elemento común».

En estos casos no se aplica la regulación general que regula el artículo 553-45 del CCCat respecto a los gastos comunes y que señala que todos los propietarios deben sufragarlos en proporción a su cuota de participación o de acuerdo con las especialidades que se establezcan en el titulo constitutivo, los estatutos o por acuerdo de la junta.

Cuando nos encontramos ante un elemento común de uso exclusivo debemos acudir a lo establecido por el artículo 553-43 apartados 2 y 4 del CCCat. Así, el apartado 2 señala:

> «2. Los propietarios de los elementos privativos que tienen el uso y disfrute exclusivo de los elementos comunes asumen todos los gastos de conservación y mantenimiento y tienen la obligación de conservarlos adecuadamente y mantenerlos en buen estado».

El apartado 4 completa el reparto de gastos estableciendo, «4. Las reparaciones que se deben a vicios de construcción o estructurales, originarios o sobrevenidos, o las reparaciones que afectan y benefician todo el inmueble, son a cargo de la comunidad, a menos que sean consecuencia de un mal uso o de una mala conservación».

Por tanto, en el caso de la terraza de uso exclusivo si la obra es de conservación y mantenimiento le corresponde asumir el gasto al propietario del elemento privativo que tiene el uso exclusivo. Solo asumirá el coste de las obras la comunidad, si las reparaciones se deben a **vicios de construcción o estructurales** o si las reparaciones afectan o benefician a toda la comunidad. En este sentido se ha manifestado la **SAP de Lleida, n.º 387/2022, de 9 de junio, ECLI:ES:APL:2022:470**:

> «La sentencia de instancia ha valorado todas las pruebas practicadas, documental, pericial aportada por la parte actora, debidamente ratificada en el acto de juicio y testificales practicadas también en dicho acto, y en base a ellas, llega a la conclusión que tratándose de un defecto constructivo y/o estructural de un elemento común de uso exclusivo, sin que medie un mal uso o mala conservación por parte de los propietarios, debe declararse la obligación de repararlos por parte de la Comunidad de Propietarios, de conformidad con el Art. 553-43.3 CCC; sin que dicha conclusión a la vista de toda la prueba practicada pueda considerarse ni lógica ni arbitraria».

Caso práctico | Modificación de elementos comunes en inmueble

PLANTEAMIENTO

El propietario del bajo de un edificio para acceder al patio de luces ha transformado la ventana que da al patio en una puerta, y ha instalado un plástico rígido en el techo. ¿Está amparado en su actuación? ¿Qué acciones tienen los vecinos que no estén de acuerdo con su conducta?

RESPUESTA

El propietario del bajo no está amparado en su actuación.

Estamos ante una obra que afecta a un elemento común, por lo que, conforme al artículo 553-36.3 del CCCat necesita para ese tipo de obra el acuerdo de la junta de propietarios. Para aprobar este acuerdo es necesario el voto favorable de las cuatro quintas partes de los propietarios, que tienen que representar al mismo tiempo las cuatro quintas partes de las cuotas de participación, de acuerdo al **artículo 553-26.2.b)** del CCCat.

Si no están de acuerdo la comunidad puede exigir que se reponga al estado originario el elemento común. El artículo 553-36.4 del CCCat establece «se entiende que la comunidad ha dado su consentimiento si la ejecución de las obras es notoria, no disminuye la solidez del edificio ni supone la ocupación de elementos comunes ni la constitución de nuevas servidumbres y la comunidad no se ha opuesto en el **plazo de caducidad de cuatro años** a contar desde la finalización de las obras». Este plazo no es de caducidad de la acción de reposición, sino una presunción de que la comunidad consiente las obras en determinados casos cuando no ha solicitado la reposición al estado originario en un plazo de cuatro años.

El plazo de prescripción de la acción en estos supuestos es el general de 10 años, y así lo ha entendido la **STSJ de Cataluña, n.º 47/2016, de 16 de junio, ECLI:ES:TSJ-CAT:2016:4549**:

> «Nótese que cuando se trata de la alteración de elementos comunes por los propietarios de los elementos privativos, el art. 553- 36.3 del CCCat admite, en algunos casos, que el no ejercicio de la acción durante un tiempo largo se interprete como un consentimiento tácito de la comunidad a la modificación y dicho plazo, tanto en la versión primitiva (que hubiese sido la aplicable al caso), de 6 años, como en la actual, de 4 años, es superior al plazo de prescripción de 3 años que el recurrente, erróneamente, estima aplicable.
>
> La pretensión ejercitada en el presente caso no es la derivada de los daños causados a terceros por una acción u omisión ilícita por culpa o negligencia, que es como define el art. 1902 del CC la responsabilidad extracontractual, sino que nace de las obligaciones que se imponen a los distintos propietarios en el régimen de comunidad de la propiedad horizontal en relación con el uso, goce o disposición de los elementos comunes (art. 553-36.3 CCCat), acción a la que resulta aplicable por carecer de plazo específico, el art. 121-20 del CCCat, a cuyo tenor: Las pretensiones de cualquier clase prescriben a los diez años, a menos que alguien haya adquirido antes el derecho por usucapión o que el presente Código o las leyes especiales dispongan otra cosa».

Caso práctico | Legitimación de la comunidad para reclamar cuotas impagadas a nuevo propietario

PLANTEAMIENTO

Una persona tiene un piso en un edificio ubicado en Cataluña y en mayo de 2022 lo ha vendido. En la escritura de transmisión consta que existen cantidades pendientes de aportar a la comunidad. Las deudas se remontan a febrero de 2016. La comunidad quiere reclamar las cantidades adeudadas al nuevo propietario, ¿puede hacerlo?

RESPUESTA

Al nuevo propietario se le podrán reclamar las deudas pendientes que corresponden a los cuatro primeros meses de 2022 y las que corresponden a los años 2021, 2020, 2019 y 2018. Sin embargo, no se le puede exigir el pago de las deudas correspondientes a los años 2017 y 2016.

En este caso debemos estar a lo establecido en el artículo 553-5.1 del CCCat que señala:

> «Los elementos privativos están afectados con carácter real y responden del pago de los importes que deben los titulares, así como los anteriores titulares, por razón de los gastos comunes, ordinarios o extraordinarios, y por el fondo de reserva, que correspondan a la **parte vencida del año en curso y a los cuatro años inmediatamente anteriores**, contados del 1 de enero al 31 de diciembre, sin perjuicio, si procede, de la responsabilidad de quien transmite».

Aunque la titularidad de la deuda no se traslada por la venta del inmueble, por lo que el anterior propietario sigue siendo el deudor, la afección real del inmueble faculta a que la comunidad pueda reclamar la deuda al nuevo propietario con la limitación temporal que la ley establece. En este sentido se ha manifestado la **SAP de Barcelona, n.º 745/2021, de 29 de diciembre, ECLI:ES:APB:2021:15966**:

> «Se establece expresamente en el mencionado 553.5.1 la responsabilidad del adquirente por las cantidades adeudadas por el anterior propietario, con el propio inmueble y con el límite señalado. Se trata de un supuesto de las denominadas obligaciones propter rem, aquellas relaciones obligatorias, cuyo sujeto pasivo es cualquier persona que se encuentra en una cierta posición jurídica respecto de una cosa y que se transmiten o extinguen con la transmisión o extinción del derecho real individual. La condición de propietario actual del piso conlleva la obligación de responder frente a la comunidad de las deudas anteriores con la limitación temporal establecida, sin perjuicio de su derecho de repetir contra el deudor personal, el propietario del piso cuando se generó la deuda. La obligación de pago deriva de la posición jurídica que tiene el propietario respecto del inmueble, y dicha responsabilidad puede hacerse efectiva por medio de demanda frente a quien aparece obligado al pago por obligación real (se ha hablado, incluso, de hipoteca legal tácita), quien tendría

la legitimación pasiva para soportar la reclamación, si bien con el expresado límite temporal y respondería de la deuda con el propio inmueble. Implica que la finca responde de determinada deuda comunitaria cualquiera que sea su propietario.

Es decir, que en la relación interna entre transmitente y adquirente del inmueble, la titularidad de la deuda es de la persona propietaria civilmente del mismo y la fecha de trasmisión determinará el momento en que el adquirente asumirá la obligación de pago de los gastos comunitarios, tal y como se desprende del art 553- 4 del CCCat . Pero como consecuencia de la afección real sobre la finca, que establece el art 553-5, el adquirente podrá verse obligado a hacerse cargo de las cuotas impagadas anteriores a la adquisición del inmueble, devengadas en el periodo que el precepto dispone, sin perjuicio de repetir en su caso lo satisfecho, contra quien era titular cuando dichos gastos se generaron».

Caso práctico | Diferencias entre el régimen de propiedad horizontal catalán y estatal

PLANTEAMIENTO

Diferencias entre el régimen de propiedad horizontal de Cataluña y el régimen general estatal

RESPUESTA

Con la entrada en vigor de la Ley 5/2006, de 10 de mayo, del Libro Quinto del Código civil de Cataluña, relativo a derechos reales el régimen jurídico sobre propiedad horizontal aplicable en Cataluña es distinto al estatal, pues ya no se aplica en dicha Comunidad Autónoma la Ley de Propiedad Horizontal. Entre las principales diferencias podemos destacar:

- El CCCat amplía la figura del régimen de propiedad horizontal, contemplando que pueda pudiendo establecerse el mismo sobre edificios en construcción y conforme el art 553-2.2 del CCCat:

> «Puede constituirse un régimen de propiedad horizontal en los casos de coexistencia en suelo, vuelo o subsuelo de edificaciones o usos privados y dominio público, de puertos deportivos con relación a los puntos de amarre, de mercados con relación a las paradas, de cementerios con relación a las sepulturas y en otros semejantes (...)».

- Para modificar el título constitutivo o los estatutos, el Código Civil de Cataluña exige en su artículo 553-26.2 el voto favorable de las cuatro quintas partes de los propietarios con derecho al voto, que tienen que representar al mismo tiempo las cuatro quintas partes de las cuotas de participación. Sin embargo, la LPH en el artículo 17.6 requiere, por norma general, unanimidad.

- El fondo de reserva en el Código Civil de Cataluña se establece que no puede ser inferior al 5 % de los gastos comunes —artículo 553-6 del CCCat—, mientras que la LPH señala que el mismo no puede ser inferior al 10 % del último presupuesto ordinario —artículo 9.1 de la LPH—.

- En el CCCat se regula con mayor concreción el modo de gestión del fondo de reserva, así el artículo 553-6 del CCCat establece:

> «2. La titularidad del fondo de reserva es de todos los propietarios y el fondo queda afectado a la comunidad sin que ningún propietario tenga derecho a reclamar su devolución en el momento de la enajenación del elemento privativo.
> 3. El fondo de reserva debe figurar en contabilidad separada y debe depositarse en una cuenta bancaria especial a nombre de la comunidad. Los administradores solo pueden disponer de él, con la autorización de la presidencia, para atender gastos de la comunidad imprevistos de carácter urgente o, con la autorización de la junta de propietarios, para hacer frente a las obras extraor-

dinarias de conservación, reparación, rehabilitación, instalación de nuevos servicios comunes y seguridad, así como para las que sean exigibles de acuerdo con las normativas especiales.

4. Los remanentes del fondo de reserva de cada año se acumulan en el fondo del año siguiente».

- El CCCat establece la posibilidad de recoger la reserva del derecho de sobreelevación, subedificación y edificación en el artículo 553-13 del CCCat.

- En cuanto a la extinción del régimen, el CCCat establece más supuestos que la LPH. Así el artículo 553-14 del CCCat determina:

«1. El régimen de propiedad horizontal se extingue voluntariamente por acuerdo unánime de la junta de propietarios de conversión en otro tipo de comunidad o por decisión del propietario único. El acuerdo o decisión requiere el consentimiento de los titulares de derechos reales sobre los elementos privativos o comunes afectados. En cualquier caso, se presume otorgado el consentimiento si el titular del derecho real no ha manifestado su oposición al acuerdo o decisión en el plazo de un mes a contar de la fecha en que se le haya notificado.

2. El régimen de propiedad horizontal se extingue en los supuestos de destrucción, declaración de ruina y expropiación forzosa del inmueble. Sin embargo, en el título de constitución puede estipularse que el régimen no se extinga pese a la destrucción o la declaración de ruina para proceder a la rehabilitación o reconstrucción del inmueble a cargo de los propietarios».

Sin embargo, la LPH se limita a señalar en el artículo 23:

«El régimen de propiedad horizontal se extingue:
Primero.- Por la destrucción del edificio, salvo pacto en contrario. Se estimará producida aquélla cuando el coste de la reconstrucción exceda del cincuenta por ciento del valor de la finca al tiempo de ocurrir el siniestro, a menos que el exceso de dicho coste esté cubierto por un seguro.
Segundo.- Por conversión en propiedad o copropiedad ordinarias».

- El CCCat no establece ningún quorum mínimo para las reuniones de la junta de propietarios, mientras que, la LPH en el artículo 16.2 establece:

«(...) Si a la reunión de la Junta no concurriesen, en primera convocatoria, la mayoría de los propietarios que representen, a su vez, la mayoría de las cuotas de participación se procederá a una segunda convocatoria de la misma, esta vez sin sujeción a "quorum" (...)».

- El CCCat recoge un sistema de mayorías diferente al regulado en la LPH. Así en el régimen catalán solo se contemplan tres posibles mayorías exigibles: mayoría simple de los propietarios que han participado en cada votación, que tiene que representar, al mismo tiempo, la **mayoría simple** del total de sus cuotas de participación; **unanimidad; y cuatro quintas parte**s de los propietarios con derecho al voto, que tienen que representar al mismo tiempo las cuatro quintas partes de las cuotas de participación.

- El CCCat no contempla el llamado juicio de equidad que se establece en el párrafo segundo del artículo 17.7 de la LPH para los casos en los que no se alcance la mayoría en la adopción de los acuerdos por darse una situación de bloqueo en la votación.

- En relación con el acta, el artículo 553-27.1 CCCat establece «El secretario debe redactar el acta, que debe autorizarse, con las firmas del secretario y del presidente, en el plazo de **cinco días** a contar desde el día después de la reunión». Por su parte el artículo 19.3 LPH señala «El acta deberá cerrarse con las firmas del presidente y del secretario al terminar la reunión o dentro de los **diez días naturales** siguientes. Desde su cierre los acuerdos serán ejecutivos, salvo que la Ley previere lo contrario».

- En relación con la custodia por el secretario de los libros de actas en el derecho catalán se establece un período de custodia, así el artículo 553-28.2 del CCCat señala «El secretario debe custodiar los libros de actas de la junta de propietarios, que deben conservarse durante treinta años mientras exista el régimen de propiedad horizontal o durante cinco años desde el momento en que se haya extinguido». Sin embargo, la LPH en el artículo 19.4 preceptúa «El secretario custodiará los libros de actas de la Junta de propietarios. Asimismo deberá conservar, durante el plazo de cinco años, las convocatorias, comunicaciones, apoderamientos y demás documentos relevantes de las reuniones», por lo tanto, no se establece el período durante el que debe custodiar los libros de actas.

- En relación con la legitimación para impugnar los acuerdos de la junta el CCCat señala que están legitimados para la impugnación de un acuerdo los propietarios que han votado en contra, los ausentes que se han opuesto y los que han sido privados ilegítimamente del derecho de voto. Sin embargo, la LPH no es tan precisa y señala estarán legitimados para la impugnación de estos acuerdos los propietarios que hubiesen salvado su voto en la junta —concepto impreciso que genera diferentes interpretaciones por la doctrina—, los ausentes por cualquier causa y los que indebidamente hubiesen sido privados de su derecho de voto legitimando pues a los ausentes aunque no se hayan opuesto.

- También en cuanto la legitimación para impugnar y el requisito de estar al corriente de pago la LPH es más imprecisa que el CCCat, ya que la primera no establece el momento en que se debe dar ese requisito, mientras que el artículo 553-31.3 del CCCat establece:

> «Para ejercer la acción de impugnación es preciso estar al corriente de pago de las deudas con la comunidad que estén vencidas **en el momento de la adopción del acuerdo** que desee impugnarse o haber consignado su importe».

- De las mayores diferencias existentes entre el Código Civil de Cataluña y la LPH es la regulación de diferentes sistemas de régimen de propiedad horizontal. Mientras que la LPH tan solo distingue entre propiedad horizontal y régimen de complejos inmobiliarios privados, el CCCat distingue tres regímenes: propiedad horizontal simple, propiedad horizontal compleja y propiedad horizontal por parcelas.

ANEXO II.
FORMULARIOS

Escrito de acta de desafectación y venta o cesión de elementos comunes en Cataluña

ACTA DE LA JUNTA EXTRAORDINARIA DE LA COMUNIDAD DE PROPIETARIOS DEL EDIFICIO SITO EN [DIRECCIÓN]

En [LUGAR], siendo las [HORA] horas, del [FECHA] y previa la correspondiente convocatoria remitida a todos los propietarios de la comunidad remitida por el presidente conforme al artículo 553-21 del CCCat y publicada en el tablón de anuncios con la antelación legalmente prevista, queda constituida la junta de propietarios para la celebración de la junta ordinaria.

Preside la reunión **D./Dña.** [NOMBRE_PRESIDENTE] en su calidad de presidente de la comunidad y actuando como secretario **D./Dña.** [NOMBRE]. Asisten a la misma:

PERSONALMENTE:

D./Dña. [NOMBRE], piso/local [DESCRIPCIÓN], cuota de participación [CANTIDAD] %.

D./Dña. [NOMBRE], piso/local [DESCRIPCIÓN], cuota de participación [CANTIDAD] %.

D./Dña. [NOMBRE], piso/local [DESCRIPCIÓN], cuota de participación [CANTIDAD] %.

D./Dña. [NOMBRE], Piso/local [DESCRIPCIÓN], cuota de participación [CANTIDAD] %.

REPRESENTADOS:

D./Dña. [NOMBRE_PROPIETARIO], piso/local [DESCRIPCIÓN], cuota de participación [CANTIDAD] %, representado por D./Dña. [NOMBRE_REPRESENTANTE].

D./Dña. [NOMBRE_PROPIETARIO], piso/local [DESCRIPCIÓN], cuota de participación [CANTIDAD] %, representado por D./Dña. [NOMBRE_REPRESENTANTE].

Asisten SIN DERECHO A VOTO por no estar al corriente de pago de las deudas con la comunidad de conformidad con lo dispuesto en el artículo 553-24.1 del CCCat:

D./Dña. [NOMBRE], piso/local [DESCRIPCIÓN], cuota de participación [CANTIDAD] %.

D./Dña. [NOMBRE], Piso/local [DESCRIPCION], cuota de participación [CANTIDAD] %.

El ORDEN DEL DÍA previsto se desarrolló de la siguiente forma:

DESAFECTACIÓN DEL PISO-PORTERÍA, ASIGNACIÓN DE NUEVAS CUOTAS Y VENTA DE LA VIVIENDA

De todos es sabido que este piso, desde que el servicio de portería se suprimió, se encuentra vacío y no está siendo empleado en beneficio de la comunidad de vecinos, por lo que, de acuerdo con lo que ya se ha comentado en ocasiones anteriores en conversaciones de carácter informal, se ha propuesto que se constituya en una finca más dentro del inmueble, de forma que goce de los mismos derechos y obligaciones. La propuesta es aceptada por **unanimidad**.

Comprobada la superficie y con relación a otros pisos del edificio, así como de los servicios que va a disponer, se determina que se le asigne una cuota del [PORCENTA-JE] %, por lo que, a partir de este momento, por acuerdo unánime, los coeficientes de propiedad y participación serán los siguientes:

[DESCRIPCIÓN]

Se fija el precio de venta mínimo en [CANTIDAD] euros, acordándose igualmente que los copropietarios interesados hagan la oferta que consideren oportuna, con ese mínimo, en el plazo de [PLAZO], pasado el cual, en las mismas condiciones, se ofrecerá a terceros.

Se faculta al presidente para el otorgamiento de las escrituras públicas y cualquier otra gestión o documento, tanto para la desafectación del elemento común como para la transmisión del piso.

No habiendo más asuntos que tratar, se levantó la sesión, siendo las [HORA] horas, del día al principio indicado.

EL SECRETARIO   ELPRESIDENTE

Escrito convocando la junta de propietarios a instancia de vecinos promotores

CONVOCATORIA DE JUNTA [ORDINARIA/EXTRAORDINARIA] **DE PROPIETARIOS DEL INMUEBLE** [DESCRIPCIÓN]

(1)

D./Dña./La sociedad [NOMBRE]

Piso [NÚMERO], Puerta [NÚMERO].

Cuota [CANTIDAD] %.

D./Dña./La sociedad [NOMBRE]

Piso [NÚMERO], Puerta [NÚMERO].

Cuota [CANTIDAD] %.

Los propietarios arriba expresados y abajo firmantes, que representan al menos [una cuarta parte de los propietarios/una cuarta parte de las cuotas de participación] **(2)** de la comunidad de propietarios del inmueble sito en [ESPECIFICAR], por medio de la presente, procedemos a convocar junta [ordinaria/extraordinaria] de propietarios del meritado inmueble, de conformidad con lo dispuesto en el artículo 553-21.1 del CCCat.

Se celebrará el próximo día [FECHA], a las [HORA] horas.

La reunión se efectuará en [LUGAR], y se desarrollará con arreglo al siguiente:

ORDEN DEL DÍA

1. Lectura y aprobación del acta anterior.

2. [DESCRIPCIÓN]

3. [DESCRIPCIÓN]

Asimismo, se informa de que, en cumplimiento del artículo 553-21 del CCCat, la relación de propietarios que no están al corriente en el pago de las deudas vencidas a la comunidad, que, si no proceden al pago de las mismas o a su consignación judicial o notarial podrán asistir a la junta, pero no tendrán derecho de voto son los siguientes:

- Propietario del piso [NÚMERO], deuda [CANTIDAD] euros.

- Propietario del piso [NÚMERO], deuda [CANTIDAD] euros.

- Propietario del piso [NÚMERO], deuda [CANTIDAD] euros.

Se advierte de que con relación a los acuerdos a que se refiere el artículo 553-26, los votos de los propietarios que no asisten a la reunión se computan en el sentido del acuerdo tomado por la mayoría, sin perjuicio de su derecho de oposición en el plazo de un mes desde la notificación del acuerdo **(3)**.

Conforme al artículo 553-21.2 del CCCat se procede a publicar la presente convocatoria en el tablón de anuncios de la comunidad **(4)**. Se advierte que dicho anuncio produce el efecto de notificación efectiva cuando la personal no ha tenido éxito.

Se encarece su asistencia, si por alguna causa de fuerza mayor no pudiera hacerlo, por favor entregue el boletín que abajo se incluye a persona de confianza para que lo represente.

En [LOCALIDAD] a [DIA] de [MES] de [AÑO].

Aprovechamos la ocasión para saludarle atentamente,

FIRMAS (5)

DELEGACIÓN: El abajo firmante, propietario del piso o local [NÚMERO] perteneciente a la Comunidad de Propietarios Edificio [DESCRIPCIÓN], con DNI [NÚMERO], por medio de la presente, concedo autorización a D./Dña. [NOMBRE], con DNI número [NÚMERO] para que, en mi nombre y representación, asista y proceda a las votaciones oportunas en la Junta [DESCRIPCIÓN] a celebrar el día [FECHA].

FDO. [NOMBRE Y FIRMA PROPIETARIO DELEGANTE]

---

(1) Relación de propietarios promotores de la junta.

(2) El artículo 553.20.2 CCCat «cuando lo solicite, como mínimo, una cuarta parte de los propietarios o los que representen una cuarta parte de las cuotas de participación».

(3) El artículo 553-26.3 del CCCat establece:

«a) Si se requiere la unanimidad, cuando han votado favorablemente todos los propietarios que han participado en la votación y, en el plazo de un mes desde la notificación del acuerdo, no se ha opuesto ningún otro propietario mediante un escrito enviado a la secretaría por cualquier medio fehaciente.

b) Si se requieren las cuatro quintas partes, cuando ha votado favorablemente la mayoría simple de los propietarios y de las cuotas participantes a la votación y, en el plazo de un mes desde la notificación del acuerdo, se alcanza la mayoría cualificada contando como voto favorable la posición de los propietarios ausentes que, en dicho plazo, no se han opuesto al acuerdo mediante un escrito enviado a la secretaría por cualquier medio fehaciente».

(4) Si en la comunidad no hay tablón de anuncios se publicará en un lugar visible habilitado a tal efecto.

(5) Tienen que firmar todos los propietarios promotores.

Demanda de modificación de las cuotas de participación en comunidad de propietarios

AL JUZGADO DE PRIMERA INSTANCIA DE [LOCALIDAD] QUE POR TURNO DE REPARTO CORRESPONDA

D./D.ª [NOMBRE_PROCURADOR_CLIENTE] procurador/a de los Tribunales, en representación de **D./D.ª** [NOMBRE_CLIENTE], según acredito mediante comparecencia apud acta/poder general para pleitos, bajo la dirección del letrado **D./D.ª** [NOMBRE_ABOGADO_CLIENTE] colegiado número [NUMEROCOLEGIADO_ABOGADO_CLIENTE] del Ilustre Colegio de Abogados de [LOCALIDAD], ante el juzgado comparezco y, como mejor proceda en derecho, DIGO:

Que por medio del presente escrito vengo a formular DEMANDA DE JUICIO ORDINARIO contra la comunidad de propietarios [DESCRIBIR] con CIF [NÚMERO] domiciliada en [ESPECIFICAR], a citar en la figura de su presidente D./D.ª [NOMBRE_PRESIDENTE COMUNIDAD] con domicilio en [DOMICILIO] y DNI núm. [NÚMERO], en base a los siguientes,

HECHOS

PRIMERO.- Mi representado/a es propietario/a ocupante de la vivienda/local sito en el piso [NÚMERO] de edificio de [DIRECCIÓN].

La demandada es la comunidad de propietarios del mismo edificio.

SEGUNDO.- Mediante el título constitutivo que se recoge en la escritura que adjuntamos como documento n.º [NÚMERO] se distribuyen las cuotas de participación de la forma siguiente: [DESCRIPCIÓN].

TERCERO.- Mi mandante adquirió por compraventa el inmueble en fecha [FECHA], como consta en la escritura pública que se adjunta como documento n.º [NÚMERO].

Tras la misma se efectuó un estudio por perito técnico para la reforma de la vivienda y determinó que la cuota de participación no está calculada correctamente por los siguientes motivos [ESPECIFICAR] **(1)**.

Se adjunta el informe pericial como documento n.º [NÚMERO].

CUARTO.- En la junta celebrada el día [FECHA] se intentó adoptar el acuerdo de modificación de la cuota de mi representado, pero no se alcanzó la unanimidad legalmente exigida.

Adjuntamos acta de la junta como documento n.º [NÚMERO].

A los anteriores hechos le resultan de aplicación los siguientes,

FUNDAMENTOS DE DERECHO

PRIMERO.- JURISDICCIÓN Y COMPETENCIA

Corresponderá a los juzgados de primera instancia, que por turno correspondan atendiendo al artículo 45.1 de la LEC, conocer del fondo del asunto.

Territorialmente es competente el juzgado al que nos dirigimos en virtud de lo establecido en el art. 52.1.8.º de la LEC, que establece que «En los juicios en materia de propiedad horizontal, será competente el tribunal del lugar en que radique la finca».

SEGUNDO.- CAPACIDAD Y LEGITIMACIÓN

Ambas partes se encuentran capacitadas y legitimadas en virtud de los artículos 6 y 10 de la LEC.

TERCERO.- POSTULACIÓN Y DEFENSA

Esta parte interviene con procurador/a (art. 23.1 de la LEC) y letrado/a (art. 31.1 de la LEC) debidamente habilitados por sus respectivos colegios profesionales.

CUARTO.- PROCEDIMIENTO

El presente procedimiento se tramitará conforme a las normas atinentes al juicio ordinario, artículos 399 a 436 de la Ley de Enjuiciamiento Civil. Se decidirán a través de los cauces del juicio ordinario, las demandas por las que se ejerciten las acciones que la Ley de Propiedad Horizontal otorga a las juntas de propietarios y a estos, siempre que no versen exclusivamente sobre reclamaciones de cantidad, en cuyo caso se tramitarán por las reglas del juicio verbal o por el procedimiento especial que corresponda, según lo previsto en el artículo 249.1.8.º de la Ley Enjuiciamiento Civil (2).

QUINTO.- FONDO DEL ASUNTO

Artículo 553-3. Cuota (CCCat)

«1. La cuota de participación:

a) Determina y concreta la participación que corresponde a los elementos privativos sobre la propiedad de los elementos comunes.

b) Sirve de módulo para fijar la participación en las cargas, los beneficios, la gestión y el gobierno de la comunidad y los derechos de los propietarios en caso de extinción del régimen.

c) Establece la distribución de los gastos y el reparto de los ingresos, salvo pacto en contrario.

Las cuotas de participación correspondientes a los elementos privativos se expresan en porcentaje sobre el total del inmueble y se fijan proporcionalmente a la superficie y ponderando el uso, el destino y los demás datos físicos y jurídicos de los bienes que integran la comunidad.

Las cuotas de participación se determinan y se modifican por acuerdo unánime de los propietarios o, si este no es posible, por medio de la autoridad judicial o de un procedimiento de resolución extrajudicial de conflictos.

Pueden establecerse, además de la cuota de participación, cuotas especiales para determinados gastos».

Las cuotas de participación se determinan de manera proporcional a la superficie de la vivienda o local y ponderando el uso, el destino y los demás datos físicos y jurídicos. Tanto la determinación como la modificación debe realizarse por acuerdo unánime de los propietarios, pero la ley establece para el caso en que eso no sea posible que se determine por medio de un procedimiento de resolución extrajudicial de conflictos o acudiendo a la autoridad judicial.

Por parte de mi mandante se ha procedido en la forma exigida por el artículo 553-3.3 del CCCat y por tanto habiendo sometido la modificación de cuotas de participación a la votación de la junta y no habiéndose aprobado acude a la autoridad judicial. Así lo ha señalado la **SAP de Barcelona, n.º 662/2021, de 7 de diciembre, ECLI:ES:APB:2021:15217**, «Y, se reitera, por imperativo del art. 553-3.3 CCC, para proceder a la modificación de dicha cuota de participación, es preciso el acuerdo de los propietarios debidamente adoptado en Junta por unanimidad; en caso de falta de acuerdo unánime, expresamente no aprobado en Junta, se puede acudir ya a la vía judicial o al procedimiento de resolución extrajudicial de conflictos».

SEXTO.- COSTAS

Se impondrán a la demandada de conformidad con el art. 394 LEC.

SÉPTIMO.- *IURA NOVIT CURIA*

En todo lo no invocado resulta de aplicación el principio *iura novit curia*, plasmado en el párrafo segundo del punto primero del artículo 218 de la Ley de Enjuiciamiento Civil, en virtud del cual serán aplicables las demás normas que sean de pertinente, especial o general aplicación, y que el juzgador podrá tener en cuenta de oficio sin necesidad de que hayan sido previamente alegadas o invocadas por alguna de las partes intervinientes.

Por lo expuesto,

SUPLICO AL JUZGADO:

Que tenga por presentado este escrito con sus documentos, se sirva a admitirlo y en su virtud tenga por presentada **DEMANDA DE JUICIO ORDINARIO** frente a [NOMBRE_PARTE CONTRARIA] y, previos los trámites legales oportunos, dicte en su día sentencia por la que se declare la nulidad de las cuotas de participación y modificación del título constitutivo en relación con la cuota de mi representado y ordene su inscripción en el Registro de la Propiedad de [LUGAR], con expresa imposición de costas a la demandada.

Es justicia que pido en [LOCALIDAD], a [FECHA]

Ldo.	Proc.
[NOMBRE Y FIRMA LETRADO]	[NOMBRE Y FIRMA PROCURADOR]

OTROSÍ DIGO: siendo intención de esta parte cumplir con todos los requisitos legales, a tenor de lo previsto en el artículo 231 de la Ley de Enjuiciamiento Civil, se solicita se le diere traslado de cualquier defecto que adoleciere la presente demanda, para la inmediata subsanación de la misma.

En su virtud,

SUPLICO AL JUZGADO:

Que tenga por efectuada la anterior manifestación a los efectos oportunos.

Por ser justicia, fecha y lugar ut supra.

Ldo.	Proc.
[NOMBRE Y FIRMA LETRADO]	[NOMBRE Y FIRMA PROCURADOR]

---

(1) Artículo 553-3.2 del CCCat señala «Las cuotas de participación correspondientes a los elementos privativos se expresan en porcentaje sobre el total del inmueble y se fijan proporcionalmente a la superficie y ponderando el uso, el destino y los demás datos físicos y jurídicos de los bienes que integran la comunidad».

(2) El RD-ley 6/2023, de 19 de diciembre, modifica el art. 249.1.8.º LEC con entrada en vigor el 20/03/2024. Hasta ese momento, el precepto se sigue aplicando de acuerdo con su redacción anterior, que dispone que «1. Se decidirán en el juicio ordinario, cualquiera que sea su cuan-

tía: (...) 8.º Cuando se ejerciten las acciones que otorga a las Juntas de Propietarios y a éstos la Ley de Propiedad Horizontal, siempre que no versen exclusivamente sobre reclamaciones de cantidad, en cuyo caso se tramitarán por el procedimiento que corresponda». El presente formulario se halla actualizado a la citada reforma.

Escrito de convocatoria de junta de propietarios ordinaria

CONVOCATORIA DE JUNTA ORDINARIA DE LA COMUNIDAD DE PROPIETARIOS DEL INMUEBLE [DESCRIPCIÓN]

De conformidad con lo previsto en el artículo 553-21 del CCCat en mi condición de presidente/a de la comunidad de propietarios, procedo a convocar la próxima junta ordinaria, cuya celebración tendrá lugar en [LUGAR_CELEBRACIÓN], el día [FECHA] a las [HORA] horas. Todo ello para tratar los siguientes puntos del:

ORDEN DEL DÍA

1. Lectura y aprobación del acta de la junta anterior.

2. Presentación de las cuentas anuales y, en su caso, aprobación de las mismas.

3. Aprobación del presupuesto para la anualidad siguiente.

4. Nombramiento de los cargos de presidente y secretario.

5. Ruegos y preguntas.

En cumplimiento del artículo 553-21.5 del CCCat se envía con la presente convocatoria la documentación relativa a los asuntos a tratar **(1)**.

Asimismo, se informa de que, en cumplimiento del artículo 553-21 del CCCat, la relación de propietarios que no están al corriente en el pago de las deudas vencidas a la comunidad, que, si no proceden al pago de las mismas o a su consignación judicial o notarial podrán asistir a la junta, pero no tendrán derecho de voto son los siguientes:

- Propietario del piso [NÚMERO], deuda [CANTIDAD] euros.

- Propietario del piso [NÚMERO], deuda [CANTIDAD] euros.

- Propietario del piso [NÚMERO], deuda [CANTIDAD] euros.

Se advierte de que con relación a los acuerdos a que se refiere el artículo 553-26 del CCCat, los votos de los propietarios que no asisten a la reunión se computan en el sentido del acuerdo tomado por la mayoría, sin perjuicio de su derecho de oposición en el plazo de un mes desde la notificación del acuerdo.

Conforme al artículo 553-21.2 del CCCat se procede a publicar la presente convocatoria en el tablón de anuncios de la comunidad **(2)**. Se advierte que dicho anuncio produce el efecto de notificación efectiva cuando la personal no ha tenido éxito.

Se encarece su asistencia, si por alguna causa de fuerza mayor no pudiera hacerlo, por favor entregue el boletín que abajo se incluye a persona de confianza para que lo represente.

En [LOCALIDAD] a [DIA] de [MES] de [AÑO].

Aprovecho la ocasión para saludarle atentamente,

FIRMA

DELEGACIÓN: El abajo firmante, propietario del piso o local [NÚMERO] perteneciente a la comunidad de propietarios del edificio [DESCRIPCIÓN], con DNI [NÚMERO], por medio de la presente, concedo autorización a D./Dña. [NOMBRE], con DNI número [NÚMERO] para que, en mi nombre y representación, asista y proceda a las votaciones oportunas en la junta [DESCRIPCIÓN] a celebrar el día [FECHA].

FDO. [NOMBRE Y FIRMA PROPIETARIO DELEGANTE]

---

(1) Si las funciones de administración de la comunidad las realiza un profesional este párrafo se redactará:
«En cumplimiento del artículo 553-21.5 del CCCat se informa que la documentación relativa a los asuntos del día la tiene a su disposición en el domicilio del administrador/a de la comunidad D./Dña. [NOMBRE_ADMINISTRADOR], sito en [DIRECCIÓN]».
(2) Si en la comunidad no hay tablón de anuncios se publicará en un lugar visible habilitado a tal efecto.

Escrito de acta de junta de propietarios ordinaria

ACTA DE LA JUNTA ORDINARIA DE LA COMUNIDAD DE PROPIETARIOS DEL EDIFICIO SITO EN [DIRECCIÓN]

En [LUGAR], siendo las [HORA] horas, del [FECHA] y previa la correspondiente convocatoria remitida a todos los propietarios de la comunidad remitida por el presidente conforme al artículo 553-21 del CCCat y publicada en el tablón de anuncios con la antelación legalmente prevista, queda constituida la junta de propietarios para la celebración de la junta ordinaria.

Preside la reunión **D./Dña.** [NOMBRE_PRESIDENTE] en su calidad de presidente/a de la comunidad y actuando como secretario/a **D./Dña.** [NOMBRE]. Asisten a la misma:

PERSONALMENTE:

D./Dña. [NOMBRE], piso/local [DESCRIPCIÓN], cuota de participación [CANTIDAD] %.

D./Dña. [NOMBRE], piso/local [DESCRIPCIÓN], cuota de participación [CANTIDAD] %.

D./Dña. [NOMBRE], piso/local [DESCRIPCIÓN], cuota de participación [CANTIDAD] %.

D./Dña. [NOMBRE], piso/local [DESCRIPCIÓN], cuota de participación [CANTIDAD] %.

REPRESENTADOS:

D./Dña. [NOMBRE_PROPIETARIO], piso/local [DESCRIPCIÓN], cuota de participación [CANTIDAD] %, representado por D./Dña. [NOMBRE_REPRESENTANTE].

D./Dña. [NOMBRE PROPIETARIO] Piso/local [DESCRIPCIÓN], cuota de participación [CANTIDAD] %, representado por D./Dña. [NOMBRE_REPRESENTANTE].

Asisten SIN DERECHO A VOTO por no estar al corriente de pago de las deudas con la comunidad de conformidad con lo dispuesto en el artículo 553-24.1 del CCCat:

D./Dña. [NOMBRE], piso/local [DESCRIPCIÓN], cuota de participación [CANTIDAD] %.

D./Dña. [NOMBRE], piso/local [DESCRIPCIÓN], cuota de participación [CANTIDAD] %.

El **ORDEN DEL DÍA** previsto se desarrolló de la siguiente forma:

1. Lectura del acta de la junta anterior, celebrada el [FECHA].

2. Presentación de las cuentas anuales y, en su caso, aprobación de las mismas.

3. Aprobación del presupuesto para la anualidad siguiente.

4. Nombramiento de los cargos de presidente y secretario.

5. Ruegos y preguntas.

Tras haber sido debatidos y sometidos a votación los anteriores puntos del orden del día se adoptaron los siguientes acuerdos:

1.- En relación con la aprobación del acta de la junta anterior se da lectura de la misma y se aprueba por unanimidad.

2.- Se presentan las cuentas anuales se comenta la presencia de un error aritmético que se corrige en el mismo acto de la junta, dándose lectura de las cuentas definitivas se aprueban por unanimidad.

3.- Por el administrador se presenta el presupuesto para la anualidad siguiente y después de varios turnos de preguntas que el propio administrador responde se procede a su votación con el siguiente resultado:

VOTOS A FAVOR

D./Dña. [NOMBRE], piso/local [DESCRIPCIÓN], cuota de participación [CANTIDAD] %.

D./Dña. [NOMBRE], piso/local [DESCRIPCIÓN], cuota de participación [CANTIDAD] %.

D./Dña. [NOMBRE], piso/local [DESCRIPCIÓN], cuota de participación [CANTIDAD] %.

VOTOS EN CONTRA

D./Dña. [NOMBRE], piso/local [DESCRIPCIÓN], cuota de participación [CANTIDAD] %.

ABSTENCIONES

D./Dña. [NOMBRE], piso/local [DESCRIPCIÓN], cuota de participación [CANTIDAD] %.

D./Dña. [NOMBRE], piso/local [DESCRIPCIÓN], cuota de participación [CANTIDAD] %.

Se alcanza en este punto la mayoría simple de los propietarios y de las cuotas participantes. Debido a que en el presupuesto se prevé una cuota especial para cubrir el gasto de [DESCRIPCIÓN] es necesario que se apruebe por mayoría de cuatro quintas partes de los propietarios con derecho al voto, que tienen que representar al mismo tiempo las cuatro quintas partes de las cuotas de participación. Siguiendo lo establecido en el artículo 553-26.3 del CCCat si en el plazo de un mes ninguno de los propietarios ausentes se ha opuesto al acuerdo mediante escrito enviado a la secretaría por medio fehaciente, se entenderá aprobado el presupuesto.

4.- Se nombra presidente/a de la comunidad a D./Dña. [NOMBRE] propietario del piso/local [DESCRIPCIÓN] y se acuerda renovar a D./Dña. [NOMBRE] como administrador/secretario. Ambos cargos tendrán una duración de un año y se mantendrán en el mismo hasta la nueva designación. Se aprueba por unanimidad.

5.- En el turno de ruegos y preguntas toma la palabra D./Dña. [NOMBRE] y expone [DESCRIPCIÓN].

No habiendo más asuntos a tratar, se levanta la sesión siendo las [HORA] horas.

[NOMBRE_FIRMA_SECRETARIO]   [NOMBRE_FIRMA_PRESIDENTE]

Escrito de oposición del propietario ausente a acuerdo adoptado en junta de propietarios

ESCRITO DE OPOSICIÓN A ACUERDO POR PROPIETARIO/A AUSENTE (1)

D./Dña. [NOMBRE_PROPIETARIO]

[DIRECCIÓN]

A la atención de:

D./Dña. [NOMBRE_SECRETARIO]

[DIRECCIÓN]

Asunto: Oposición al acuerdo de la junta de propietarios.

En [LUGAR], a [FECHA].

Muy señor/señora mío/mía:

Me dirijo a usted en su calidad de secretario/a de la comunidad de vecinos del edificio sito en [DIRECCIÓN] para oponerme a la adopción del acuerdo referente al punto [NÚMERO] del orden del día con texto [CONTENIDO_PUNTO] de la junta [ORDINARIA/EXTRAORDINARIA] celebrada el [FECHA]. Habiendo recibido copia del acta de la junta referenciada y dentro del plazo de un mes legalmente establecido, le traslado mi oposición con relación al punto anteriormente señalado a los efectos de lo establecido en el artículo 553-26.3 del Código Civil de Cataluña (2).

Le ruego admita el presente escrito de oposición e incorpore mi oposición al anexo correspondiente al acta de la junta.

Sin otro particular, aprovecho la ocasión para saludarle cordialmente.

Firmado [NOMBRE_FIRMA_PROPIETARIO]

---

(1) La remisión debe hacerse por medio fehaciente, en el que quede constancia de la recepción por parte del secretario.

(2) **Artículo 553-26.3 del CCCat:**

«3. Los acuerdos de los apartados 1 y 2 se entienden adoptados:

a) Si se requiere la unanimidad, cuando han votado favorablemente todos los propietarios que han participado en la votación y, en el plazo de un mes desde la notificación del acuerdo, no se ha opuesto ningún otro propietario mediante un escrito enviado a la secretaría por cualquier medio fehaciente.

b) Si se requieren las cuatro quintas partes, cuando ha votado favorablemente la mayoría simple de los propietarios y de las cuotas participantes a la votación y, en el plazo de un mes desde la notificación del acuerdo, se alcanza la mayoría cualificada contando como voto favorable la posición de los propietarios ausentes que, en dicho plazo, no se han opuesto al acuerdo mediante un escrito enviado a la secretaría por cualquier medio fehaciente».

Demanda de petición inicial de proceso monitorio en base al Código Civil de Cataluña

AL JUZGADO DE PRIMERA INSTANCIA DE [LUGAR]
QUE POR TURNO CORRESPONDA

D./Dña. [NOMBRE_PROCURADOR_CLIENTE], procurador/a de los tribunales, en nombre y representación de la comunidad de propietarios de la C/ [CALLE] núm. [NÚMERO] de [CIUDAD], según acredito mediante poder (notarial/apud acta) otorgado por su presidente **D./Dña.** [NOMBRE_CLIENTE], con DNI [NÚMERO] y domicilio en [DOMICILIO], apoderamiento que acompaño como doc. núm. [NÚMERO] así como doc. núm. [NÚMERO] se adjunta acta en la que se elige al presidente por la comunidad actora, bajo la dirección letrada de **D./Dña.** [NOMBRE_ABOGADO_CLIENTE] colegiado núm. [NÚMERO], por el ICA de [LUGAR], ante el juzgado comparezco y, como mejor proceda en derecho:

DIGO

Que por medio del presente escrito vengo a formular **DEMANDA DE PETICIÓN INICIAL DE PROCESO MONITORIO**, contra D./D.ª [NOMBRE_PARTE_CONTRARIA], con domicilio en [DOMICILIO] y DNI núm. [NÚMERO], y ello con relación a los siguientes:

HECHOS

PRIMERO.- La persona contra la que se dirige esta petición inicial es propietaria de la vivienda sita en el piso [NÚMERO] del inmueble que forma parte de la comunidad actora.

Dicho propietario/a ha dejado de atender las cuotas de los meses de [MES] a [MES] del año [AÑO], establecidas y aprobadas por la junta de propietarios.

Como documento n.º [NÚMERO] acompaño nota simple informativa del Registro de la Propiedad n.º [NÚMERO] de esta ciudad en la que consta la inscripción registral de la finca a nombre de D./Dña. [NOMBRE_PARTE_CONTRARIA].

SEGUNDO.- En junta extraordinaria celebrada el día [FECHA] se aprobó la liquidación de la deuda pendiente de pago por parte de D./Dña. [NOMBRE_PARTE_CONTRARIA]. Se adjunta como documento n.º [NÚMERO] acta de la junta.

TERCERO.- La deuda asciende a un total de [CUANTÍA] euros, siendo la misma vencida, liquida y exigible, según se acredita mediante el certificado de impago que se presenta como documento n.º [NÚMERO] **(1)**.

CUARTO.- El [FECHA] se remite a la parte demandada el certificado de impago requiriéndole que abonase las cantidades adeudadas. Acreditamos este extremo mediante copia de burofax con certificación de contenido y acuse de recibo que acompaño reseñada como documento n.º [NÚMERO].

A los anteriores hechos resulta de aplicación los siguientes:

FUNDAMENTOS DE DERECHO

I.- JURISDICCIÓN Y COMPETENCIA

Es competente para conocer de este asunto la jurisdicción civil, conforme a lo dispuesto en el artículo 21.1 de la Ley Orgánica del Poder Judicial y el artículo 36.1 de la Ley de Enjuiciamiento Civil.

La competencia objetiva para el conocimiento de la presente demanda corresponde a los juzgados de primera instancia, puesto que les viene atribuida por razón de la materia, en virtud de lo establecido en los artículos 44 y 45 de la Ley de Enjuiciamiento Civil.

La competencia territorial corresponde al Juzgado de [LUGAR] que por turno de reparto corresponda, por ser el lugar donde radica la finca conforme los artículos 52.1.8.° y 813.1 de la LECiv.

II.- CAPACIDAD Y LEGITIMACIÓN

Ambas partes poseen capacidad suficiente de conformidad con lo dispuesto en el art. 6 de la LEC y concordantes.

Asimismo, ostentan legitimación suficiente, de conformidad con lo preceptuado en la LEC en su art. 10 y concordantes, como en lo dispuesto en el art. 553-47 del CCCat.

III.- PROCEDIMIENTO

Es de aplicación el procedimiento monitorio de conformidad con el artículo 553-47 del CCCat y los artículos 812 y siguientes de la LECiv.

IV.- CUANTÍA

De conformidad con el artículo 251.1 de la Ley de Enjuiciamiento Civil se fija la cantidad de esta demanda en [NÚMERO] euros por ser la cantidad que se reclama.

V.-POSTULACIÓN Y DEFENSA

Mi mandante comparece por medio de procurador y bajo dirección letrada, aunque la misma no sea necesaria tal y como establecen, respectivamente, los artículos 23 y 31 de la Ley de Enjuiciamiento Civil.

VI.- FONDO DEL ASUNTO

El propietario está obligado a satisfacer los gastos de la comunidad, ya sean ordinarios o extraordinarios, y contribuir al fondo de reserva. En este sentido se manifiestan los artículos 553-4 y 553- 45 del Código Civil de Cataluña.

Artículo 553-4.2 del CCCat

«El importe de la contribución de cada propietario a los gastos comunes, ordinarios y extraordinarios, y al fondo de reserva es el que resulta del acuerdo de la junta y de la liquidación de la deuda según la cuota que corresponda».

Artículo 553-45.1 del CCCat

«Los propietarios deben sufragar los gastos comunes en proporción a su cuota de participación o de acuerdo con las especialidades fijadas por el título de constitución, los estatutos o los acuerdos de la junta».

Con relación a la deuda la misma ha sido liquidada por acuerdo de la junta teniendo en cuenta la cuota de participación. Cumpliendo lo establecido por la jurisprudencia menor, siendo por tanto la deuda exigible. En este sentido declara la **SAP de Barcelona, n.º 454/2018, de 17 de septiembre, ECLI:ES:APB:2018:7861**:

«Por tanto, no actuando en representación de dicha junta de propietarios, ni acreditada tampoco la existencia de ningún acuerdo comunitario que liquidase tal supuesta deuda, es obvio que el recurso debe prosperar, ante la concurrencia de esa excepción perentoria de examen previo, la falta de legitimación activa ligada inexorablemente a una deuda no líquida, vencida ni exigible, como argumenta a continuación el apelante, en cuanto la actora en ningún momento rindió las cuentas por las que reclamaba, ni distinguió entre ejercicios ni entre cuotas ordinarias ni extraordinarias, ni en ningún otro sentido, a pesar de tener a su cargo la probanza de los hechos de los que ordinariamente se desprendería el buen fundamento de su pretensión, conforme a lo establecido en el art. 217.2 de la Ley de Enjuiciamiento Civil».

A la causa se aporta como prueba de la existencia de la deuda el certificado de impago emitido por el secretario con el visto bueno del presidente, cumpliendo en este sentido con lo preceptuado en el artículo 553-47.2 del CCCat que establece:

Artículo 553-47.2 del CCCat

«Para instar la reclamación basta con un certificado del impago de los gastos comunes, emitido por quien haga las funciones de secretario de la comunidad con el visto bueno del presidente. En este certificado debe constar la existencia de la deuda y su importe, la manifestación de que la deuda es exigible y que se corresponde de forma exacta con las cuentas aprobadas por la junta de propietarios que constan en el libro de actas correspondiente, y el requerimiento de pago hecho al deudor».

VII.- COSTAS

En atención a lo establecido en el artículo 394 de la LEC las costas deberán imponerse al demandado.

VIII.- *IURA NOVIT CURIA*

En todo lo no invocado resulta de aplicación el principio iura novit curia, plasmado en el párrafo segundo del punto primero del artículo 218 de la **Ley de Enjuiciamiento Civil**, en virtud del cual serán aplicables las demás normas que sean de pertinente, especial o general aplicación, y que el juzgador podrá tener en cuenta de oficio sin necesidad de que hayan sido previamente alegados o invocados por alguna de las partes intervinientes.

Por todo lo expuesto, **SUPLICO AL JUZGADO:**

Que tenga por presentado este escrito, con sus documentos adjuntos y copias, los admita, les dé la tramitación oportuna, y tenga por formulada **PETICIÓN INICIAL de PROCESO MONITORIO** contra **D./Dña.** [NOMBRE_PARTE_CONTRARIA] y en su virtud, requiera el letrado de la Administración de Justicia a dicho deudor para que en el plazo de veinte días pague a la comunidad de propietarios [NOMBRE] el importe de la deuda pendiente por la suma de [CANTIDAD] euros bajo apercibimiento de que de no hacerlo se despachará ejecución por la cantidad adeudada más los intereses de mora procesal pertinentes y costas de la ejecución, acordando además lo siguiente:

1. Para el supuesto de que el deudor no compareciere ante el tribunal dicte decreto el letrado de la Administración de Justicia dando por terminado el proceso monitorio y dándonos traslado para formular despacho.

2. Condenar a **D./Dña.** [NOMBRE_PARTE_CONTRARIA] al pago de las costas procesales, que deben incluir derechos y honorarios de procurador y abogado, tanto si atiende el requerimiento de pago como si no paga ni formula oposición.

Por ser de justicia que se pide en [LOCALIDAD] a [FECHA].

Ldo.   Proc.

[NOMBRE Y FIRMA LETRADO]   [NOMBRE Y FIRMA PROCURADOR]

PRIMER OTROSÍ DIGO, para el caso de oposición de la deudora, se proceda a la continuación por los trámites pertinentes derivados de la cuantía de la deuda reclamada, se solicita el embargo de los bienes del deudor, sin necesidad de prestar caución, dejando designados como bien susceptible de embargo la vivienda de la que es titular el demandado, así como la condena al demandado al pago de la cantidad que se reclama, más intereses legales y costas del procedimiento.

SUPLICO AL JUZGADO:

Tenga por efectuada la anterior manifestación a los efectos oportunos.

Ldo.   Proc.

[NOMBRE Y FIRMA LETRADO]   [NOMBRE Y FIRMA PROCURADOR]

SEGUNDO OTROSÍ DIGO, siendo intención de esta parte cumplir con todos los requisitos legales, a tenor de lo previsto en el artículo 231 de la Ley de Enjuiciamiento Civil, se solicita se le diere traslado de cualquier defecto que adoleciere la presente demanda, para la inmediata subsanación de la misma.

SUPLICO AL JUZGADO:

Tenga por efectuada la anterior manifestación a los efectos oportunos.

Por ser de justicia, fecha y lugar *ut supra*

Ldo.   Proc.

[NOMBRE Y FIRMA LETRADO]   [NOMBRE Y FIRMA PROCURADOR]

---

(1) El artículo 553-47.2 del CCCat señala que para la reclamación será suficiente con aportar certificado de impago emitido por quien haga las funciones de secretario con el visto bueno del presidente. En el mismo debe contar:
- Existencia de la deuda y su importe.
- Manifestación de que la deuda es exigible.
- Manifestación de que se corresponde de forma exacta con las cuentas aprobadas por la junta de propietarios.
- Requerimiento de pago hecho al deudor.

Demanda de acción de cesación de actividades prohibidas, insalubres, nocivas y/o peligrosas

A TENER EN CUENTA. La Ley 1/2023, de 15 de febrero, modificó el artículo 553-40. apartados 1 y 2 del Código Civil de Cataluña con entrada en vigor el 18/02/2023.

Asimismo, El RD-ley 6/2023, de 19 de diciembre, modifica el art. 249.1.8.º LEC de modo que las demandas en materia de propiedad horizontal seguirán el procedimiento ordinario salvo cuando versen exclusivamente sobre reclamaciones de cantidad, en cuyo caso se someterán a las reglas del juicio verbal o del procedimiento especial que corresponda. Esta modificación entra en vigor el 20/03/2024. Hasta ese momento, las demandas de propiedad horizontal en las que únicamente se reclamen cantidades económicas seguirán el procedimiento correspondiente en función de la redacción anterior del precepto.

AL JUZGADO DE PRIMERA INSTANCIA DE
[LOCALIDAD] QUE POR TURNO CORRESPONDA

D./D.ª [NOMBRE_PROCURADOR_CLIENTE], procurador/a de los tribunales, en nombre y representación de **D./D.ª** [NOMBRE_CLIENTE], mayor de edad, con DNI [NÚMERO], con domicilio en [DOMICILIO_CLIENTE], actuando como presidente de la comunidad de propietarios [DESCRIPCIÓN], representación que acreditaré mediante poder [notarial/apud acta] que acompaño como documento n.º [NÚMERO], actuando bajo la dirección letrada de **D./D.ª** [NOMBRE_ABOGADO_CLIENTE], colegiado n.º [NÚMERO] del Ilustre Colegio de Abogados de [LUGAR], ante el juzgado comparezco y, como mejor proceda en derecho, DIGO:

Que, en virtud de la representación conferida y siguiendo instrucciones de mi mandante, por medio del presente escrito procedo a formular DEMANDA DE JUICIO ORDINARIO EN EJERCICIO DE LA ACCIÓN DE CESACIÓN DE ACTIVIDADES PROHIBIDAS contra **D./D.ª** [NOMBRE_PARTE CONTRARIA_OCUPANTE] y **D./D.ª** [NOMBRE_PARTE CONTRARIA_PROPIETARIO] con DNI [NÚMERO] y [DOMICILIO_PARTE CONTRARIA] **(1)**, y todo ello en base a los siguientes,

HECHOS

PRIMERO.- **D./D.ª** [NOMBRE_PARTE CONTRARIA_PROPIETARIO] es propietario del inmueble sito en [LOCALIDAD] de esta ciudad, tal como se acredita por medio de nota simple del registro de la propiedad.

Se aporta como documento n.º [NÚMERO] nota simple del registro de la propiedad.

Asimismo, desde [FECHA] el demandado tiene alquilada la vivienda a **D./D.ª** [NOMBRE_PARTE CONTRARIA_OCUPANTE], tal y como ha notificado el administrador de la comunidad de propietarios.

Se adjunta como documento n.º [NÚMERO] escrito por el que se hace constar por el administrador de la comunidad de propietarios, la condición de arrendatario del ocupante de la vivienda.

SEGUNDO.- Con fecha [FECHA] ha sido instalado por el demandado un negocio en la vivienda, cuya actividad se corresponde con [DESCRIPCIÓN] y que ocasiona graves molestias a los vecinos de la comunidad **(2)**

TERCERO.- Tanto el ocupante como el propietario del inmueble han sido requeridos incesantemente por los vecinos, el administrador de la comunidad de propietarios e incluso formalmente por el presidente de la comunidad.

A los efectos oportunos se aporta como documento n.º [NÚMERO], escritos enviados por correo electrónico y postal a los demandados.

CUARTO.- Los estatutos de la comunidad de vecinos, cuya copia se incorpora como documento n.º [NÚMERO] establecen expresamente en su artículo [NÚMERO], la prohibición de que los vecinos realicen [DESCRIPCIÓN].

QUINTO.- Finalmente y ante la pasividad de los demandados, con fecha [FECHA] el presidente de la comunidad procedió a efectuar dos comunicaciones. De una parte, con fecha de [FECHA] se envió requerimiento a D./D.ª [NOMBRE_PARTE CONTRARIA_OCUPANTE], a fin de que por aquel se cesara en las actividades molestas para los vecinos, con apercibimiento de utilizar la vía judicial en caso contrario.

De otra parte, se envió nueva comunicación a D./D.ª [NOMBRE_PARTE CONTRARIA_PROPIETARIO] del tipo de actividad llevada a cabo en el inmueble de su propiedad, con indicación de que la misma contravenía [DESCRIPCIÓN] y que se había efectuado requerimiento por la comunidad de propietarios a D./D.ª [NOMBRE_PARTE CONTRARIA_OCUPANTE] instando el cese de la actividad. Así mismo, dicha comunicación interesaba de D./D.ª [NOMBRE_PARTE CONTRARIA_PROPIETARIO] una última oportunidad de actuación con el fin de garantizar que la actividad efectivamente finalizaría y, de no cumplirse, que por el propietario se resolviese unilateralmente el contrato de arrendamiento suscrito.

Se aporta como documento n.º [NÚMERO] copia del requerimiento efectuado en nombre de la comunidad por el presidente de la comunidad y como documento n.º [NÚMERO], copia del justificante de entrega de la notificación efectuada con fecha de [FECHA]. Como documento n.º [NÚMERO], copia del escrito de comunicación efectuado por la comunidad al titular, propietario del inmueble y como documento n.º [NÚMERO] copia del justificante de entrega de la comunicación efectuada al propietario con fecha de [FECHA].

SEXTO.- Transcurridos dos meses desde tales notificaciones, D./D.ª [NOMBRE_PARTE CONTRARIA_OCUPANTE] no realizó ningún cambio en su actividad. Motivo por el cual se convocó reunión extraordinaria de la junta de propietarios el día [FECHA] en cuyo orden del día se incluyó, dentro de los puntos a tratar, el de autorizar al presidente para entablar la presente acción y otorgar poder general para pleitos a favor del procurador que encabeza la demanda.

A la junta fue convocado debidamente D./D.ª [NOMBRE_PARTE CONTRARIA_PROPIETARIO], tal como se acredita mediante citación personal con el recibí por él firmado y que se aporta como documento n.º [NÚMERO].

Se incorporan también a esta demanda como documento n.º [NÚMERO] certificación del acta de la junta de fecha [FECHA] en la que se autoriza al presidente a instar acción de cesación contra el ocupante y propietario del inmueble.

A los anteriores hechos resultan de aplicación los siguientes,

FUNDAMENTOS DE DERECHO

PRIMERO.- JURISDICCIÓN Y COMPETENCIA

Es competente para conocer de este asunto la jurisdicción civil, conforme a lo dispuesto en el artículo 21.1 de la Ley Orgánica del Poder Judicial y el artículo 36.1 de la Ley de Enjuiciamiento Civil.

La competencia objetiva para el conocimiento de la presente demanda corresponde a los juzgados de primera instancia, puesto que les viene atribuida por razón de la materia, en virtud de lo establecido en los artículos 44 y 45 de la Ley de Enjuiciamiento Civil.

La competencia territorial corresponde al Juzgado de [LOCALIDAD] que por turno de reparto corresponda, por ser el lugar donde radica la finca conforme los artículos 52.1.8.º y 813.1 de la LECiv.

SEGUNDO.- CAPACIDAD Y LEGITIMACIÓN

Ambas partes poseen capacidad suficiente de conformidad con lo dispuesto en el art. 6 de la LEC y concordantes.

Asimismo, ostentan legitimación suficiente, de conformidad con lo preceptuado en la LEC en su art. 10 y concordantes, como en lo dispuesto en el art. 553-40 del CCCat.

En virtud del artículo 12 de la Ley de Enjuiciamiento Civil, quedan legitimados pasivamente para intervenir en el presente procedimiento tanto el propietario del inmueble como el ocupante causante de la perturbación cuyo cese se insta con esta acción. El propio artículo 553-40.2 del CCCat establece la junta puede interponer contra los propietarios y ocupantes la acción de cesación.

TERCERO.- POSTULACIÓN Y DEFENSA

En aplicación de los artículos 23 y 31 de la Ley de Enjuiciamiento Civil las partes deberán comparecer representadas por procurador y asistidas por letrado.

CUARTO.- CUANTÍA

La cuantía de este procedimiento se calcula aplicando el art. 251 de la Ley de Enjuiciamiento Civil.

QUINTO.- PROCEDIMIENTO

El artículo 553-40.2 del CCCat, remite la tramitación de estos pleitos a «las normas procesales correspondientes», habiendo de seguirse lo dispuesto en el art. 249.1.8.º de la Ley de Enjuiciamiento Civil, que establece que las demandas en materia de propiedad horizontal «1. Se decidirán en el juicio ordinario, cualquiera que sea su cuantía: (...) siempre que no versen exclusivamente sobre reclamaciones de cantidad, en cuyo caso se tramitarán por las reglas del juicio verbal o por el procedimiento especial que corresponda». Toda vez que por la presente demanda se insta el cumplimiento de una obligación de hacer, corresponde someter esta litis al procedimiento ordinario. **(3)**

SEXTO.- FONDO DEL ASUNTO

1. Determinación como actividad prohibida, insalubre, nociva, peligrosa

[ESPECIFICAR].

2. Contravención de los estatutos

Los estatutos de la comunidad de propietarios prohíben en su artículo [NÚMERO] la realización de [DESCRIPCIÓN: negocio, instalación o actividad concreta]. Tales estatutos fueron aprobados por unanimidad en reunión constituyente de fecha [FE-CHA], a la que acudieron todos los vecinos.

El artículo 553.40.1 del CCCat establece «Los propietarios y ocupantes no pueden hacer en los elementos privativos, ni en el resto del inmueble, actividades contrarias a la convivencia normal en la comunidad que dañen o hagan peligrar el inmueble. Tampoco pueden llevar a cabo las actividades que los estatutos, la normativa urbanística o la ley excluyen o prohíben de forma expresa».

Sentencia del Tribunal Supremo n.º 358/2018, de 15 de junio, ECLI:ES:TS:2018:2202

«(i) El derecho a la propiedad privada constituye un derecho constitucionalmente reconocido (artículo 33 CE), concebido ampliamente en nuestro ordenamiento jurídico, sin más limitaciones que las establecidas legal o convencionalmente que, en todo caso, deben ser interpretadas de un modo restrictivo. No obstante en el ámbito de la propiedad horizontal, se considera posible y aceptable establecer limitaciones o prohibiciones a la propiedad, que atienden a la protección del interés general de la comunidad. Dentro de estas limitaciones se encuentra la prohibición de realizar determinadas actividades o el cambio de uso del inmueble, pero para su efectividad deben constar de manera expresa y, para poder tener eficacia frente a terceros, deben aparecer inscritas en el Registro de la Propiedad.

(ii) También es doctrina de esta Sala (sentencia 30 de diciembre de 2010; 23 de febrero de 2006 y 20 de octubre de 2008) considerar que la mera descripción del inmueble no supone una limitación del uso o de las facultades dominicales, sino que la eficacia de una prohibición de esta naturaleza exige de una estipulación clara y precisa que la establezca.

Así lo reconocía la sentencia de 21 de diciembre de 1993.

Los copropietarios no pueden verse privados de la utilización de su derecho a la propiedad como consideren más adecuado, a no ser que este uso no esté legalmente prohibido o que el cambio de destino aparezca expresamente limitado por el régimen de dicha propiedad horizontal, su título constitutivo o su regulación estatutaria.

Es por ello que la citada sentencia 728/2011, de 24 de octubre, afirma que: "Se reitera como doctrina jurisprudencial que las limitaciones o prohibiciones referidas a la alteración del uso de un inmueble en el ámbito de la propiedad horizontal exigen, para que sean eficaces, que consten de manera expresa".

(iii) La interpretación de las limitaciones, y ello es relevante para el recurso, debe ser siempre de carácter restrictivo, como cualquier menoscabo del derecho de propiedad, siendo contundente la jurisprudencia (sentencias de 6 de febrero de 1989; 7 de febrero de 1989; de 24 de julio de 1992; de 29 de febrero de 2000; de 21 de abril de 1997).

(iv) No empece a que el comunero, en aras a su derecho de propiedad, pueda modificar el uso o destino de su elemento privativo, con la posibilidad de que el destino que elija o el uso que haga, pueda ser dañoso, molesto, insalubre, peligroso o inmoral, cuestión a decidir en otro ámbito normativo.

(v) El derecho de cambio no implica autorización de hacer obras en elementos comunes (sentencia 9 de octubre de 2009), pues en tal caso será preciso que lo conceda la Junta de Propietarios, a salvo lo que se prevea en los Estatutos o en el título constitutivo».

Sentencia del Tribunal Supremo n.º 1013/2004, de 14 de octubre, ECLI:ES:TS:2004:6516

«En relación a actividades prohibidas por los estatutos, es cierto que la interpretación de cualquier cláusula estatutaria que impide la libertad del derecho dominical tiene que ser restrictiva. Pero otra cosa es que se haga clara mención a una determinada prohibición, que, sin perjuicio de esa interpretación restrictiva, es posible conforme a Ley. Es interesante la diferencia que hace el Tribunal Supremo, en Sentencia de 23 de Noviembre de 1995, entre el destino de viviendas y el de pisos, considerando las primeras como objeto solamente de morada, habitación, hogar y los segundos, susceptibles de variado aprovechamiento. Esta distinta valoración se produce como consecuencia de que es la propia escritura hecha por los promotores o los comuneros la que lo indica y eso permite al Alto Tribunal entender la voluntad de los otorgantes del título. Desde luego, no cabe de ninguna manera destinar el piso o local a actividades que están prohibidas por el estatuto, con independencia de que resulten objetivamente molestas, insalubres, inmorales o peligrosas. Puede que no sean nada de esto, pero sí hay prohibición en el título, el propietario no tiene facultad para utilizar de esta manera su finca o arrendarla o ceder a terceros a los mismos fines (supuesto de hecho ahora contemplado), pues esta actuación sería contraria a la Ley y llevaría consigo la sanción correspondiente, como establece el Tribunal Supremo en Sentencia de 20 de Febrero de 1997».

Sentencia del Tribunal Supremo n.º 123/2006, de 23 de febrero, ECLI:ES:TS:2006:697

«En el supuesto del debate, el título constitutivo no contiene prohibición de que los propietarios de los locales de la planta pudieran dedicar los mismos a otra actividad distinta de la originariamente expresada de forma general como de "oficinas" en la escritura pública de obra nueva y de constitución del edificio en régimen de propiedad horizontal, y el cambio de destino, para el establecimiento de un gimnasio, entraba de lleno en el ámbito de las facultades dominicales de los demandados, sin que suponga alteración del título constitutivo, ni requiera el consentimiento de los demás integrantes de la Comunidad, salvo si incide en alguna de las prohibidas ("inmorales, peligrosas, incómodas o insalubres"), lo que no ha sido demostrado en los autos».

3. Perturbación del ocupante, lanzamiento

El artículo 553-40.3 del CCCat señala que la comunidad de propietarios tiene derecho a la extinción del contrato de arrendamiento o de cualquier otro que atribuya a los ocupantes un derecho sobre el elemento privativo.

Debe recordarse que el artículo 27 de la Ley 29/1994, de 24 de noviembre, de arrendamientos urbanos, permite en su n.º 2.e), resolver de pleno derecho el contrato de arrendamiento cuando se realicen en el inmueble «actividades molestas, insalubres, nocivas, peligrosas o ilícitas».

Teniendo en cuenta que el fin primordial del arrendamiento fue la instalación del negocio cuya actividad pretendemos que cese, deberá resolverse sin más el contrato de arrendamiento.

Sentencia de la Audiencia Provincial de Pontevedra n.º 83/2019, de 21 de febrero, ECLI:ES:APPO:2019:214

«En cuanto a la ocupante no propietaria, a la par infractora, consideramos que debe operar la petición de extinción contractual y lanzamiento que contiene la norma, cuyo fundamento, es doble, en tanto que, por un lado, retribuye la conducta especialmente infractora al no facilitar a los vecinos una tranquila y ordenada vida en común y, por otro, evita que en el futuro vuelvan a reproducirse actuaciones como las que han sido objeto de enjuiciamiento. Para imponer tal sanción, hemos tenido en consideración la contumacia y persistencia en la infracción de Doña Amanda, en concreto de sus deberes de evitar molestias a los otros vecinos y la previsibilidad de reiteración sino se acuerda la resolución contractual, pues, tal se ha acreditado cumplidamente su comportamiento, reiterado desde el año 2015, excede de los límites que la Comunidad de Propietarios debe soportar en la convivencia que la Ley de Propiedad Horizontal impone, pues tal convivencia no puede llevar a que los restantes vecinos de la finca estén sometidos a situaciones intolerables que exceden con mucho de lo que habitualmente se califica como comportamiento cívico y educado, tampoco a situaciones que por su permanencia temporal impiden utilizar el calificativo de puntual —duración en el tiempo que provoca un continuo ataque al sosiego y legítimo disfrute que la posesión pacifica exige—, ya que en modo alguno puede ni debe imponerse a los miembros de una comunidad de propietarios que soporten situaciones graves de incomodidad y de continuos enfrentamientos con la demandada, en base a su decisión personal de vivir en compañía de un número de animales que, no hay duda, para una vivienda en régimen de propiedad horizontal, exceden de lo razonable».

4. Privación al propietario del inmueble

El artículo 553-40.3 del CCCat de otra parte faculta la privación del piso o local hasta un plazo de dos años.

STSJ de Cataluña, n.º 28/2014, de 28 de abril, ECLI:ES:TSJCAT:2014:4526

«La norma, inspirada en el artículo 7,2 de la Ley de Propiedad Horizontal de 21 julio 1960, y que debemos entender complementaria —con deficiente técnica legislativa— a las previsiones del art. 553-47 CCCat en relación con los elementos comunes, responde a un principio fundamental en toda comunidad: que el beneficio propio no puede traducirse en perjuicio ajeno, o como indicamos en la STSJC 17/2012, de 20 de febrero, a la necesidad de que las actividades que se emprendan en los elementos privativos por sus propietarios o por quienes de ellos traen causa se desarrollen dentro de los límites de la normalidad del uso y tolerabilidad por los restantes vecinos atendidas las condiciones de lugar y la naturaleza de los inmuebles de acuerdo con las normas de la buena fe.

Recordábamos entonces que conforme a lo indicado en la STC 28/1999, de 8 de marzo "han de considerar-se dins de les activitats molestes no només les immissions intolerables, sinó tota activitatque, per la transcendència que tingui, pugui excedir d'allò socialment admissible, entenent per tal el mínim respecte a la convivència dels ocupants de l'immoble, tenint en compte, a més, que la il·licitud a què es refereix la norma abraça tant l'administrativa, com la civil i penal....".

Como expresa el TC en la Sentencia 301/1993, de 21 de octubre, en el régimen de propiedad horizontal la necesidad de compaginar los derechos e intereses concurrentes de una pluralidad de propietarios y ocupantes de los pisos, justifica, la fijación, legal o estatutaria, de específicas restricciones o límites a los derechos de uso y disfrute de los inmuebles por parte de sus respectivos titulares».

SÉPTIMO.- COSTAS

En aplicación del art. 394 de la Ley de Enjuiciamiento Civil deberán imponerse al demandado.

OCTAVO.- *IURA NOVIT CURIA*

En todo lo no invocado resulta de aplicación el principio *iura novit curia*, plasmado en el párrafo segundo del punto primero del artículo 218 de la Ley de Enjuiciamiento Civil, en virtud del cual serán aplicables las demás normas que sean de pertinente, especial o general aplicación, y que el juzgador podrá tener en cuenta de oficio sin necesidad de que hayan sido previamente alegados o invocados por alguna de las partes intervinientes.

Por lo expuesto,

SUPLICO AL JUZGADO:

Que teniendo por presentado este escrito con los documentos y copias que los acompañan, se sirva admitirlo, me tenga por personado y parte en la representación acreditada y por formulada la demanda de **JUICIO ORDINARIO EN EJERCICIO DE ACCIÓN DE CESACIÓN** de actividades prohibidas contra **D./D.ª** [NOMBRE_PARTE CONTRARIA_OCUPANTE] y **D./D.ª** [NOMBRE_PARTE CONTRARIA_PROPIETARIO] para que, en su día, previos los trámites legales oportunos dicte sentencia entre cuyos pronunciamientos:

1. Se declare prohibida la actividad realizada por **D./D.ª** [NOMBRE_PARTE CONTRARIA_OCUPANTE] en el piso/local sito en [IDENTIFICACIÓN], por resultar la misma molesta, insalubre, nociva o peligrosa.

2. Se condene a **D./D.ª** [NOMBRE_PARTE CONTRARIA_OCUPANTE] a estar y pasar por tal pronunciamiento y en su virtud, acuerde el cese inmediato de la actividad declarada prohibida y llevada a cabo en [IDENTIFICACIÓN].

3. Se acuerde el inmediato lanzamiento respecto de **D./D.ª** [NOMBRE_PARTE CONTRARIA_OCUPANTE].

4. Se condene a **D./D.ª** [NOMBRE_PARTE CONTRARIA_PROPIETARIO] a la privación del derecho al uso de la vivienda/local durante [DURACIÓN_MEDIDA], por estimarla proporcionada a la gravedad de la infracción y de los perjuicios ocasionados a la comunidad.

5. Se condene expresamente en costas a los demandados, conforme a lo dispuesto en el artículo 394 de la LEC.

Por ser justicia que se pide en [CIUDAD] a [DIA] de [MES] de [AÑO]

[FIRMA_LETRADO]   [FIRMA PROCURADOR]

PRIMER OTROSÍ DIGO: solicito que cautelarmente se acuerde la cesación inmediata de la actividad y así mismo que se adopten las medidas cautelares [DESCRIPCIÓN] y todas aquellas que se estimen convenientes en atención a lo anteriormente expuesto. Todo ello conforme a lo establecido por el artículo 553-40.2 del CCCat.

SUPLICO AL JUZGADO:

Tenga por efectuada la anterior manifestación a los efectos oportunos.

[FIRMA_LETRADO]   [FIRMA_PROCURADOR]

SEGUNDO OTROSÍ DIGO: siendo intención de esta parte cumplir con todos los requisitos legales, a tenor de lo previsto en el artículo 231 de la Ley de Enjuiciamiento Civil, se solicita se le diere traslado de cualquier defecto que adoleciere la presente demanda, para la inmediata subsanación de la misma.

SUPLICO AL JUZGADO:

Tenga por efectuada la anterior manifestación a los efectos oportunos.

Por ser justicia que se pide, fecha y lugar *ut supra*.

[FIRMA_LETRADO]   [FIRMA_PROCURADOR]

---

(1) El artículo 553-40.2 del CCCat señala que la junta puede interponer contra los propietarios y ocupantes del elemento privativo la acción de cesación.

(2) El artículo 553-40.1 del CCCat establece que «1. Los propietarios y ocupantes no pueden hacer en los elementos privativos, ni en el resto del inmueble, actividades contrarias a la convivencia normal en la comunidad o que dañen o hagan peligrar el inmueble. Tampoco pueden llevar a cabo las actividades que los estatutos, la normativa urbanística o la ley excluyen o prohíben de forma expresa».

(3) El RD-ley 6/2023 de 19 de diciembre modifica el art. 249.1.8.º LEC con entrada en vigor el 20/03/2024. Hasta ese momento, el precepto se sigue aplicando de acuerdo con su redacción anterior, que dispone que «1. Se decidirán en el juicio ordinario, cualquiera que sea su cuantía: (...) 8.º Cuando se ejerciten las acciones que otorga a las Juntas de Propietarios y a éstos la Ley de Propiedad Horizontal, siempre que no versen exclusivamente sobre reclamaciones de cantidad, en cuyo caso se tramitarán por el procedimiento que corresponda». El presente formulario se halla actualizado a la citada reforma.

Escrito de acta aprobando los estatutos de la comunidad de propietarios

ACTA DE APROBACIÓN DE LOS ESTATUTOS

En [LOCALIDAD], a [DIA] de [MES] de [AÑO], siendo las [NÚMERO] horas, convocados en junta extraordinaria, con la suficiente antelación por el presidente de la comunidad, **D./Dña.** [NOMBRE_PRESIDENTE], asisten a la misma:

PERSONALMENTE:

D./Dña. [NOMBRE] piso/local [DESCRIPCIÓN], cuota de participación [CANTIDAD] %.

D./Dña. [NOMBRE] piso/local [DESCRIPCIÓN], cuota de participación [CANTIDAD] %.

D./Dña. [NOMBRE] piso/local [DESCRIPCIÓN], cuota de participación [CANTIDAD] %.

REPRESENTADOS:

D./Dña. [NOMBRE_PROPIETARIO] piso/local [DESCRIPCIÓN], cuota de participación [CANTIDAD]%, representado por D./Dña. [NOMBRE_REPRESENTANTE].

D./Dña. [NOMBRE_PROPIETARIO] piso/local [DESCRIPCIÓN], cuota de participación [CANTIDAD]%, representado por D./Dña. [NOMBRE_REPRESENTANTE].

Asisten **SIN DERECHO A VOTO** por no estar al corriente de pago de las deudas con la comunidad de conformidad con lo dispuesto en el artículo 553-24.1 del CCCAT:

D./Dña. [NOMBRE], piso/local [DESCRIPCIÓN], cuota de participación [CANTIDAD] %.

D./Dña. [NOMBRE], piso/local [DESCRIPCIÓN], cuota de participación [CANTIDAD] %.

El ORDEN DEL DÍA previsto se desarrolló de la siguiente forma:

APROBACIÓN DE ESTATUTOS

Con fecha [FECHA] se remitió comunicación de la convocatoria de la junta a todos los propietarios acompañada de copia de los estatutos que se someten a votación conforme al punto único del orden del día.

D./Dña. [NOMBRE] propietario/a de la vivienda/local solicitó una modificación del punto [NÚMERO] con la que manifestaron estar de acuerdo todos los presentes por lo que la redacción queda del siguiente modo [DESCRIPCIÓN].

No habiendo más sugerencias se someten los estatutos a votación con el siguiente resultado:

VOTOS A FAVOR

D./Dña. [NOMBRE] piso/local [DESCRIPCIÓN], cuota de participación [CANTIDAD] %.

D./Dña. [NOMBRE] piso/local [DESCRIPCIÓN], cuota de participación [CANTIDAD] %.

D./Dña. [NOMBRE] piso/local [DESCRIPCIÓN], cuota de participación [CANTIDAD] %.

VOTOS EN CONTRA

D./Dña. [NOMBRE] piso/local [DESCRIPCIÓN], cuota de participación [CANTIDAD] %.

ABSTENCIONES

D./Dña. [NOMBRE] piso/local [DESCRIPCIÓN], cuota de participación [CANTIDAD] %.

D./Dña. [NOMBRE] Piso/local [DESCRIPCIÓN], cuota de participación [CANTIDAD] %.

Se alcanza la mayoría de cuatro quintas partes de los propietarios con derecho al voto, que tienen que representar al mismo tiempo las cuatro quintas partes de las cuotas de participación, exigida legalmente.

El texto definitivo de los estatutos se remitirá completo de forma fehaciente a los ausentes y, en caso de no haber contestación negativa en el plazo legal, queda facultado el presidente para el otorgamiento de la correspondiente escritura pública y demás trámites para inscripción registral.

No habiendo más asuntos que tratar, se levantó la sesión, siendo las [HORA] horas del día al principio indicado.

EL SECRETARIO   EL PRESIDENTE

Demanda de impugnación de acuerdo de la junta de propietarios

A TENER EN CUENTA. El RD-ley 6/2023, de 19 de diciembre, modifica el art. 249.1.8.º LEC de modo que las demandas en materia de propiedad horizontal seguirán el procedimiento ordinario por razón de la materia, salvo cuando versen exclusivamente sobre reclamaciones de cantidad, en cuyo caso se someten a las reglas del juicio verbal o del procedimiento especial que corresponda. Esta modificación entra en vigor el 20/03/2024. Hasta ese momento, las demandas de propiedad horizontal en las que únicamente se reclamen cantidades económicas, seguirán el procedimiento correspondiente en función de la redacción anterior del precepto.

AL JUZGADO DE PRIMERA INSTANCIA QUE POR TURNO CORRESPONDA DE [LOCALIDAD]

D./D.ª [NOMBRE_PROCURADOR_CLIENTE], procurador de los tribunales, en representación de D./D.ª [NOMBRE_CLIENTE], con [DOMICILIO_CLIENTE] y DNI [NÚMERO], en virtud de poder (notarial/apud acta), bajo la dirección letrada de D./D.ª [NOMBRE_ABOGADO_CLIENTE], colegiado [NÚMERO] por el ICA de [LOCALIDAD], ante este juzgado comparezco y, como mejor proceda en derecho, DIGO:

Que por medio del presente escrito interpongo **DEMANDA DE JUICIO ORDINARIO** en ejercicio de la acción de impugnación de acuerdo de junta de propietarios, contra la comunidad de propietarios del edificio sito en la calle [CALLE] de [CIUDAD] cuyo presidente es D./D.ª [NOMBRE_PARTE_CONTRARIA], con domicilio en [DOMICILIO_PARTE_CONTRARIA], y ello con base en los siguientes

HECHOS

PRIMERO.- Mi mandante, D./D.ª [NOMBRE_CLIENTE], es propietario de la finca que se describe a continuación:

[DESCRIPCIÓN]

La referida vivienda se encuentra sujeta al régimen de división horizontal del edificio en que se encuentra, cuya comunidad es hoy demandada.

Se acompaña como documento n.º [NÚMERO] certificación expedida por el Registrador de la Propiedad de [LOCALIDAD] relativa a dicha finca.

SEGUNDO.- El presidente de la comunidad de propietarios convocó en [FECHA], junta general extraordinaria, que fue celebrada en fecha [FECHA], siendo el orden de asuntos a tratar el de [ESPECIFICAR].

Se acompaña copia de documento de convocatoria de junta extraordinaria como documento n.º [NÚMERO].

TERCERO.- Que, celebrada la junta se acordó [DESCRIPCIÓN]. Mi mandante votó en contra de dicho acuerdo **(1)**.

Se acompaña acta de del acuerdo adoptado en la junta general documento n.º [NÚMERO].

CUARTO.- Dicho acuerdo es contrario a los estatutos [DESCRIPCIÓN] **(2)**.

QUINTO.- Tras numerosos intentos por parte de mi mandante de satisfacer extra-procesalmente el interés pretendido con resultado infructuoso, nos vemos obligados a formular la presente demanda.

A los anteriores hechos, resultan de aplicación los siguientes:

FUNDAMENTOS DE DERECHO

PRIMERO.- JURISDICCIÓN Y COMPETENCIA

Corresponderá al juzgado de primera instancia, que por turno corresponda aten-diendo al artículo 45.1 LEC, conocer del fondo del asunto.

Territorialmente es competente el juzgado al que nos dirigimos en virtud de lo es-tablecido en el art. 52.1.8.º de la LEC, que establece que «En los juicios en materia de propiedad horizontal, será competente el tribunal del lugar en que radique la finca».

SEGUNDO.- CAPACIDAD Y LEGITIMACIÓN

Ambas partes se encuentran capacitadas y legitimadas en virtud de los artículos 6 y 10 de la LEC.

TERCERO.- POSTULACIÓN Y DEFENSA

Esta parte interviene con procurador/a (art. 23.1 de la LEC) y letrado/a (art. 31.1 de la LEC) debidamente habilitados por sus respectivos colegios profesionales.

CUARTO.- PROCEDIMIENTO

El presente procedimiento se tramitará conforme a las normas atinentes al juicio ordinario, artículos 399 a 436 de la Ley de Enjuiciamiento Civil. Según lo previsto en el artículo 249.1.8.º de la Ley Enjuiciamiento Civil, se decidirán a través de los cauces del juicio ordinario las demandas en que se ejerciten las acciones que la Ley de Pro-piedad Horizontal otorga a las juntas de propietarios y a éstos, siempre que no versen exclusivamente sobre reclamaciones de cantidad, en cuyo caso se tramitarán por las reglas del juicio verbal o por el procedimiento especial que corresponda. **(3)**

QUINTO.- FONDO DEL ASUNTO

El artículo 553-31 del CCCat señala en el apartado 1:

Artículo 553-31. Impugnación.

«Los acuerdos de la junta de propietarios pueden impugnarse judicialmente en los siguientes casos:
a) Si son contrarios a las leyes, al título de constitución o a los estatutos o si, dadas las circunstancias, implican un abuso de derecho.
b) Si son contrarios a los intereses de la comunidad o son gravemente per-judiciales para uno de los propietarios».

El plazo de caducidad de la acción es de un año en los casos de que el acuerdo sea contrario a las leyes, al título de constitución, a los estatutos o suponga abuso de derecho. Esta plazo se reduce a tres meses en el supuesto de que el acuerdo sea contrario a los intereses de la comunidad o gravemente perjudiciales para uno de los propietarios.

El cómputo del plazo de caducidad se inicia desde el momento de la notificación del acta o de notificación del anexo de acta, según proceda. El Tribunal Superior de Justicia de Cataluña ha hecho referencia a esto en varias de sus sentencias, entre ellas la **STSJ de Cataluña, n.º 10/2013, de 31 de enero, ECLI:ES:TSJCAT:2013:689**, que establece:

> «Otra razón que avala la interpretación literal de la referida norma es que el legislador catalán cuando aprueba el Llibre cinquè del Codi civil de Catalunya tiene pleno conocimiento de la Ley de Propiedad Horizontal estatal y del contenido de su artículo 18.3, en el que no sólo distingue entre propietarios presentes y ausentes, sino que también el plazo para el ejercicio de la acción es más extenso, ya que es de tres meses —y no dos, como en el artículo 553-31.3 CCC—, por lo que es perfectamente factible que la diferencia entre una y otra normativa se hiciere de forma "intencionada" y, en base al principio pro actione, con la finalidad de alargar el breve plazo de 2 meses legalmente previsto para impugnar el acuerdo.
>
> d) Asimismo corrobora la tesis de que la notificación debe realizarse tanto a los propietarios presentes como a los ausentes y que el dies a quo empieza a contar desde la fecha en que se notifique el acuerdo, la interpretación sistemática de toda la nueva normativa catalana en materia de propiedad horizontal referente a la adopción de acuerdos comunitarios, pues ésta difiere en gran manera de la estatal, tanto en lo concerniente a la convocatoria de la Junta, como en la forma de redacción del acta, como también en lo relativo a la ejecutoriedad de los acuerdos —vide. Arts. 553-21.2, 553-27 y 553-29 CCC—, en todos cuyos preceptos se hace referencia al término notificación, a diferencia de lo que acontece en los artículos 2 y 19.3 de la LPH, de suerte que en la ley estatal los acuerdos son ejecutivos desde el cierre del acta, mientras que en la catalana lo son, una vez el acta haya sido notificada a los propietarios.
>
> El artículo 553-31 del CCCAT legitima para impugnar los acuerdos a los propietarios que han votado en contra, a los ausentes que se han opuesto y los que han sido privados ilegítimamente de su derecho de voto. Además, el apartado 3 del artículo 553-31 del CCCAT señala "Para ejercer la acción de impugnación es preciso estar al corriente de pago de las deudas con la comunidad que estén vencidas en el momento de la adopción del acuerdo que desee impugnarse o haber consignado su importe"».

En cuanto el momento en el que el propietario debe estar al corriente de pago la ley catalana es muy clara, a diferencia de la Ley de Propiedad Horizontal, y señala que el momento en el que debe valorarse la morosidad es el del acuerdo. Así lo ha interpretado la Audiencia Provincial de Barcelona en su **sentencia n.º 541/2020, de 9 de diciembre, ECLI:ES:APB:2020:12895**:

> «El artículo 553-31, 3 del Código Civil de Cataluña, en la nueva redacción dada al mismo por la Ley 5/2015, de 13 de mayo, de modificación del libro quinto del Código Civil de Cataluña, relativo a los derechos reales establece "Para ejercer la acción de impugnación es preciso estar al corriente de pago de las deudas con la comunidad que estén vencidas en el momento de la adopción del acuerdo que desee impugnarse o haber consignado su importe".
>
> De este modo, frente a la anterior regulación, y en paralelo a lo dispuesto en la LPH, se ha añadido la prohibición de impugnar si se está en mora, algo que había dado sus problemas de interpretación, toda vez que en el precepto

anterior no se establecía de forma clara el supuesto, de ahí que existía doctrina y jurisprudencia a favor o en contra de dicha interpretación.

Además, de la redacción literal que el legislador catalán ha dado al precepto, a diferencia de la del artículo 18,2 de la LPH, que establece "Para impugnar los acuerdos de la Junta el propietario deberá estar al corriente en el pago de la totalidad de las deudas vencidas con la comunidad o proceder previamente a la consignación judicial de las mismas. Esta regla no será de aplicación para la impugnación de los acuerdos de la Junta relativos al establecimiento o alteración de las cuotas de participación a que se refiere el artículo 9 entre los propietarios", es claro el momento en que se ha de tener en cuenta la morosidad, siendo este "el momento de la adopción de acuerdos", de tal modo que con pagar lo que había emitido la Comunidad cuando la Junta se celebró se está legitimado para impugnar, aunque luego se dejen de abonar las derramas ordinarias y extraordinarias que se pasen con posterioridad a esa fecha. De este modo en Cataluña el propietario que es moroso cuando presenta la demanda de impugnación, pero que no lo era cuando se tomó el acuerdo impugnado, está legitimado para la presentar la impugnación"; y así lo ha entendido esta Audiencia en Sentencia de la sección 19 de 8 de octubre de 2020 que señala que "esa obligación no se extiende al pago de deudas cuyo devengo o imputación resulte, precisamente, de los acuerdos impugnados"».

SEXTO.- COSTAS

Solicitamos las expresa imposición de costas a la parte demandada de conformidad a los establecido en los arts. 394 y 395 de la LEC; toda vez que la parte demandada ha actuado con total pasividad, al no atender los razonamientos y exposiciones que se le hizo en su día intentando solventar esta cuestión.

SÉPTIMO.- *IURA NOVIT CURIA*

En todo lo no invocado resulta de aplicación el principio *iura novit curia*, plasmado en el párrafo segundo del punto primero del artículo 218 de la Ley de Enjuiciamiento Civil, en virtud del cual serán aplicables las demás normas que sean de pertinente, especial o general aplicación, y que el juzgador podrá tener en cuenta de oficio sin necesidad de que hayan sido previamente alegadas o invocadas por alguna de las partes intervinientes.

Por lo expuesto,

SUPLICO AL JUZGADO:

Que tenga por presentado este escrito, con sus copias y documentos adjuntos, los admita, les de la tramitación legal oportuna y, previos los trámites legales oportunos, dicte sentencia por la que se declare la **NULIDAD DEL ACUERDO ADOPTADO EN JUNTA GENERAL EXTRAORDINARIA CELEBRADA CON FECHA** [FECHA], con expresa imposición de costas a la parte demandada.

Por ser justicia en [LOCALIDAD] a [FECHA].

Ldo. [NOMBRE Y FIRMA LETRADO] Proc. [NOMBRE Y FIRMA PROCURADOR]

PRIMER OTROSÍ DIGO: que conforme al artículo 553-32 del CCCat previos los trámites legales oportunos, solicitamos al juez de instancia que se dicte resolución mediante la que se acuerde la suspensión cautelar de los acuerdos que se impugnan, dados los enormes perjuicios que se causarán si continúan siendo ejecutivos y la pérdida de efectividad que supondría la ejecución en este momento procesal en el supuesto de una sentencia favorable a la nulidad/anulabilidad de los mismos.

En su virtud,

SUPLICO AL JUZGADO:

Se tenga por hecha la anterior petición y acuerde de conformidad.

Por ser de justicia, fecha y lugar *ut supra*.

Ldo.   Proc.

[NOMBRE Y FIRMA LETRADO]   [NOMBRE Y FIRMA PROCURADOR]

SEGUNDO OTROSÍ DIGO: siendo intención de esta parte cumplir con todos los requisitos legales, a tenor de lo previsto en el artículo 231 de la Ley de Enjuiciamiento Civil, se solicita se le diere traslado de cualquier defecto que adoleciere la presente demanda, para la inmediata subsanación de la misma.

Por lo anteriormente expresado,

SUPLICO AL JUZGADO:

Tenga por efectuada la anterior manifestación a los efectos oportunos.

Por ser de justicia, fecha y lugar ut supra.

Ldo.   Proc.

[NOMBRE Y FIRMA LETRADO]   [NOMBRE Y FIRMA PROCURADOR]

---

(1) El artículo 553-31.2 del CCCat dispone «Están legitimados para la impugnación de un acuerdo los propietarios que han votado en contra, los ausentes que se han opuesto y los que han sido privados ilegítimamente del derecho de voto».

(2) El artículo 553-31 del CCCat señala:
Artículo 553-31. Impugnación.
«1. Los acuerdos de la junta de propietarios pueden impugnarse judicialmente en los siguientes casos:
a) Si son contrarios a las leyes, al título de constitución o a los estatutos o si, dadas las circunstancias, implican un abuso de derecho.
b) Si son contrarios a los intereses de la comunidad o son gravemente perjudiciales para uno de los propietarios».
En la demanda deberá especificarse el motivo por el que se impugna en el caso concreto.

(3) El RD-ley 6/2023, de 19 de diciembre, modifica el art. 249.1.8.º LEC con entrada en vigor el 20/03/2024. Hasta ese momento, el precepto se sigue aplicando de acuerdo con su redacción anterior, que dispone que «1. Se decidirán en el juicio ordinario, cualquiera que sea su cuantía: (...) 8.º Cuando se ejerciten las acciones que otorga a las Juntas de Propietarios y a éstos la Ley de Propiedad Horizontal, siempre que no versen exclusivamente sobre reclamaciones de cantidad, en cuyo caso se tramitarán por el procedimiento que corresponda». El presente formulario se halla actualizado a la citada reforma.

Demanda contra la comunidad para supresión de barreras arquitectónicas

A TENER EN CUENTA. El RD-ley 6/2023, de 19 de diciembre, modifica el art. 249.1.8.º LEC de modo que las demandas en materia de propiedad horizontal seguirán el procedimiento ordinario salvo cuando versen exclusivamente sobre reclamaciones de cantidad, en cuyo caso se someterán a las reglas del juicio verbal o del procedimiento especial que corresponda. Esta modificación entra en vigor el 20/03/2024. El siguiente formulario se halla actualizado a la expresada reforma.

AL JUZGADO DE PRIMERA INSTANCIA DE [LOCALIDAD] QUE POR TURNO DE REPARTO CORRESPONDA

D./D.ª [NOMBRE_ PROCURADOR_CLIENTE], procurador/a de los tribunales, en nombre y representación de **D./D.ª** [NOMBRE_CLIENTE] con DNI [NUMERO] y con domicilio en [DIRECCION_CLIENTE], según acredito mediante poder [notarial/apud acta], y bajo dirección letrada de **D./D.ª** [NOMBRE_ABOGADO_CLIENTE] colegiado núm. [NÚMERO] por el ICA de [LOCALIDAD] ante el juzgado comparezco y, como mejor proceda en derecho, **DIGO**:

Que, por medio del presente escrito y al amparo de lo establecido en el artículo 553-25.5 del CCCat, vengo a formular **DEMANDA DE JUICIO ORDINARIO** frente a la comunidad de propietarios del edificio [ESPECIFICAR] con CIF [NUMERO] domiciliada en [DIRECCIÓN], representada por **D./D.ª** [NOMBRE_PRESIDENTE] con DNI [NUMERO] dada su condición de presidente, tal y como se desprende del acta de la junta de propietarios de fecha [FECHA], que adjunta se acompaña como doc. núm. [NUMERO], en reclamación de realización de obras de supresión de barreras arquitectónicas (instalación de ascensor), de conformidad con los siguientes

HECHOS

PRIMERO.- Mi mandante es propietario/a del inmueble [DESCRIPCIÓN], perteneciente a la comunidad de propietarios demandada. Representa una cuota de participación de [PORCENTAJE] %.

Se acompaña como doc. núm. [NUMERO] nota simple registral de la vivienda y como doc. núm. [NUMERO] título constitutivo del inmueble donde radica.

Por otro lado, nos encontramos ante una persona [ESPECIFICAR] **(1)** lo que dificulta su movilidad por lo que hace necesario la instalación de un ascensor para que pueda acceder a su vivienda.

SEGUNDO.- Con fecha [FECHA], mi representado/a solicitó a la referida comunidad de propietarios la celebración de junta extraordinaria para someter a votación la instalación de un ascensor para la eliminación de las barreras arquitectónicas existentes.

Celebrada la junta de propietarios no resultó aprobado el acuerdo al no alcanzarse la mayoría exigida legalmente (mayoría simple de los propietarios que han participado en cada votación, que tiene que representar, al mismo tiempo, la mayoría simple del total de sus cuotas de participación). Se adjunta como doc. núm. [NÚMERO] acta de la junta extraordinaria.

La instalación del ascensor es completamente compatible con la configuración del edificio y no supone una alteración importante de los demás elementos comunes que suponga perjuicio directo para alguno de los propietarios.

En este sentido, adjuntamos como doc. núm. [NÚMERO] informe pericial donde se especifica que el paso del ascensor deberá producirse por [ESPECIFICAR] lo que no produce ningún perjuicio grave para ningún propietario ni para las zonas comunes.

A los anteriores hechos son de aplicación los siguientes:

FUNDAMENTOS DE DERECHO

PRIMERO.- JURISDICCIÓN Y COMPETENCIA

Corresponde a la jurisdicción civil el entendimiento del presente procedimiento, de conformidad con lo dispuesto en los artículos 9, 21 y concordantes de la LOPJ.

Asimismo, la competencia es de los juzgados a los que me dirijo. Así, la competencia objetiva les corresponde a los juzgados de primera instancia, puesto que les viene atribuida por razón de la materia, en virtud de lo establecido en los artículos 44 y 45 de la LEC. En cuanto a la competencia territorial corresponde al Juzgado de [LOCALIDAD] que por turno de reparto corresponda, por ser donde se encuentra la finca, de acuerdo con los artículos 45 y 52.1.8.º de la LEC.

SEGUNDO.- CAPACIDAD Y LEGITIMACIÓN

Ambas partes poseen capacidad y legitimación suficiente para ser parte en el presente procedimiento, de conformidad con lo dispuesto en los artículos 6, 10 y concordantes de la LEC, así como el 13.3 de la LPH, que establece: «3. El presidente ostentará legalmente la representación de la comunidad, en juicio y fuera de él, en todos los asuntos que la afecten».

En cuanto a la condición de presidente de D./D.ª [NOMBRE] nos remitimos al acta de la junta de propietarios que ha quedado adjunta como doc. núm. [NÚMERO].

TERCERO.- PROCEDIMIENTO

El artículo 249.1.8.º de la LEC determina que las demandas en materia de propiedad horizontal se someten al procedimiento ordinario cuando no versen exclusivamente de reclamaciones de cantidad, en cuyo caso se tramitan por juicio verbal o el procedimiento especial que corresponda. Toda vez que la por la presente demanda se insta el cumplimiento de una obligación de hacer, corresponde dirimir la litis por los cauces del juicio ordinario (2).

CUARTO.- CUANTÍA

La cuantía del presente procedimiento asciende a [NÚMERO] euros de conformidad con lo establecido en el artículo 251 de la LEC, importe que se desprende del importe del proyecto de obra que ha quedado adjunto como doc. núm. [NÚMERO].

QUINTO.- POSTULACIÓN Y DEFENSA

Mi mandante comparece representado/a por procurador/a y asistido/a de letrado/a, de conformidad con lo dispuesto en los artículos 23 y 31 de la LEC.

SEXTO.- FONDO DEL ASUNTO

De acuerdo con lo establecido en el artículo 553-25 del CCCat.

En el apartado 2 se refiere a la mayoría necesaria para la aprobación del acuerdo para suprimir barreras arquitectónicas:

«2. Se adoptan por mayoría simple de los propietarios que han participado en cada votación, que tiene que representar, al mismo tiempo, la mayoría simple del total de sus cuotas de participación, los acuerdos que hacen referencia a:

a) La ejecución de obras o el establecimiento de servicios que tienen la finalidad de suprimir barreras arquitectónicas o la instalación de ascensores, aunque el acuerdo comporte la modificación del título de constitución y de los estatutos o aunque las obras o los servicios afecten a la estructura o la configuración exterior.

b) Las innovaciones exigibles para la habitabilidad, accesibilidad, seguridad del inmueble o eficiencia energética o hídrica según su naturaleza y características, aunque el acuerdo comporte la modificación del título de constitución y de los estatutos o afecten a la estructura o a la configuración exterior».

El apartado 5 de ese mismo artículo contempla la posibilidad de acudir a la autoridad judicial para el caso de que no se apruebe el acuerdo:

«5. Los propietarios o titulares de un derecho posesorio sobre el elemento privativo, en caso de que ellos mismos o las personas con quienes conviven o trabajan sufran alguna discapacidad o sean mayores de setenta años, si no consiguen que se adopten los acuerdos a qué hacen referencia las letras a) y b) del apartado 2, pueden pedir a la autoridad judicial que obligue a la comunidad a suprimir las barreras arquitectónicas o a hacer las innovaciones exigibles, siempre que sean razonables y proporcionadas, para alcanzar la accesibilidad y transitabilidad del inmueble en atención a la discapacidad que las motiva».

En el presente caso se ha cumplido con lo establecido en la ley al haberse sometido inicialmente, a la junta de propietarios el acuerdo sobre las obras para eliminar barreras arquitectónicas en el edificio. La necesidad de someterlo a la junta con carácter previo a acudir a la autoridad judicial ha sido recogida por **SAP de Tarragona, n.º 279/2022, de 19 de mayo, ECLI:ES:APT:2022:1054**:

«2. De la necesaria solicitud de autorización a la Junta de propietarios.

La sentencia recurrida desestima la demanda reconvencional por cuanto el actor reconvencional no había solicitado, previo al ejercicio de la acción, autorización para la realización de las obras a la Junta de Propietarios y ello en aplicación del artículo 553-25.2 CCCat que fija la adopción por mayoría simple delos acuerdos relativos a la ejecución de obras o establecimiento de servicios que tienen la finalidad de suprimir barreras arquitectónicas o la instalación de ascensores, aunque suponga la modificación del título constitutivo y de los estatutos o las obras afecten a la estructura o configuración exterior. Tiene en cuenta el juzgador de instancia que el apartado quinto de dicho artículo indica que "los propietarios o titulares de un derecho posesorio sobre el elemento privativo, en caso de que ellos mismos o las personas con quienes conviven o trabajan sufran alguna discapacidad o sean mayores de setenta años, si no consiguen que se adopten los acuerdos a qué hacen referencia las letras a) y b) del apartado 2, pueden pedir a la autoridad judicial que obligue a la comunidad a suprimir las barreras arquitectónicas o a hacer las innovaciones exigibles, siempre que sean razonables y proporcionadas, para alcanzar la accesibilidad y transitabilidad del inmueble en atención a la discapacidad que las motiva". Este tribunal comparte la argumentación, añadiendo que el artículo 553-36 CCCat indica que "Los propietarios que se propongan hacer obras en su elemento privativo deben comunicarlo previamente a la presidencia o a la administración de la comunidad. Si la obra supone la alteración de elementos comunes, es preciso el acuerdo de la junta de propietarios" y "La comunidad puede exigir la reposición al estado originario de los elementos comunes alterados sin su consentimiento"».

SÉPTIMO.- COSTAS

Se impondrán a la demandada de conformidad con lo establecido en el artículo 394 de la LEC.

OCTAVO.- *IURA NOVIT CURIA*

En todo lo no invocado resulta de aplicación el principio *iura novit curia*, plasmado en el 218.1 de la LEC, en virtud del cual serán aplicables las demás normas que sean de pertinente, general o especial aplicación, y que el juzgador podrá tener en cuenta de oficio sin necesidad de que hayan sido previamente alegadas o invocadas por alguna de las partes intervinientes.

Por todo lo expuesto,

SUPLICO AL JUZGADO:

Que, teniendo por presentado este escrito junto con los documentos que lo acompañan y sus copias, se sirva admitirlo, tenga por interpuesta **DEMANDA DE JUICIO ORDINARIO** frente a la comunidad de propietarios [ESPECIFICAR] y, tras los trámites oportunos, dicte en su día sentencia por la que, estimándola íntegramente:

- Se condene a la demandada al reconocimiento del derecho de mi mandante a la eliminación de las barreras arquitectónicas existentes en la comunidad de propietarios.

- Se condene a la demandada a ejecutar las obras proyectadas por **D./Dña.** [NOMBRE] de acuerdo con el proyecto de obra que ha quedado adjunto como doc. núm. [NÚMERO] para la instalación del ascensor, otorgándole un plazo de tres meses para iniciarlas y seis meses desde su inicio para finalizarlas.

- Se condene a la demandada al pago de las costas causadas.

Es justicia que pido en [LOCALIDAD], a [FECHA].

Firma [NOMBRE Y FIRMA LETRADO] Firma [NOMBRE Y FIRMA PROCURADOR]

OTROSÍ DIGO: es intención de esta parte cumplir con todos los requisitos legales por lo que, a tenor de lo previsto en el artículo 231 de la LEC, se solicita el traslado de cualquier defecto de que adolezca la presente demanda, para su inmediata subsanación.

En consecuencia,

SUPLICO AL JUZGADO:

Tenga por efectuada la anterior manifestación a los efectos oportunos.

Es justicia que reitero, lugar y fecha ut supra.

Firma   Firma

[NOMBRE Y FIRMA LETRADO]   [NOMBRE Y FIRMA PROCURADOR]

---

(1) Con discapacidad o mayor de 70 años.

(2) El RD-ley 6/2023, de 19 de diciembre, modifica el art. 249.1.8.º LEC con entrada en vigor el 20/03/2024. Hasta ese momento, el precepto se sigue aplicando de acuerdo con su redacción anterior, que dispone que «1. Se decidirán en el juicio ordinario, cualquiera que sea su cuantía: (...) 8.º Cuando se ejerciten las acciones que otorga a las Juntas de Propietarios y a éstos la Ley de Propiedad Horizontal, siempre que no versen exclusivamente sobre reclamaciones de cantidad, en cuyo caso se tramitarán por el procedimiento que corresponda». El presente formulario se halla actualizado a la citada reforma.

Escrito de solicitud al presidente para celebración de junta de propietarios

SOLICITUD DE CELEBRACIÓN DE JUNTA DE PROPIETARIOS
[DESCRIPCIÓN] **AL PRESIDENTE, A INSTANCIA DE LOS PROPIETARIOS**

A la atención del Sr./Sra. presidente/a de la comunidad de propietarios del edificio sito en [DIRECCIÓN]

D./Dña./La sociedad [NOMBRE]/[NOMBRE_EMPRESA]

Piso [NÚMERO], Puerta [DESCRIPCIÓN]

Cuota [NÚMERO] %

D./Dña./La sociedad [NOMBRE]/[NOMBRE_EMPRESA]

Piso [NÚMERO], Puerta [DESCRIPCIÓN]

Cuota [NÚMERO] %

Los abajo firmantes, propietarios que representan, al menos, **(1)** [NÚMERO] % de la comunidad de propietarios, le solicitan como presidente/a y en virtud de lo dispuesto en el artículo 553-20 del CCCat, que en el plazo de [PLAZO_DÍAS] días convoque junta de propietarios con carácter de **(2)** [DESCRIPCIÓN] para tratar los siguientes asuntos a incluir en el ORDEN DEL DÍA:

1. Lectura y aprobación del acta anterior.

2. Información, debate, votación medidas a tomar en relación a [DESCRIPCIÓN].

3. Someter a aprobación [DESCRIPCIÓN].

4. Ruegos y preguntas.

5. **(3)** [DESCRIPCIÓN].

En [CIUDAD], a [DÍA] de [MES] de [AÑO]

Aprovechamos la ocasión para saludarle atentamente,

FIRMAS

---

(1) El art. 553-20.2 del CCCat señala «2. La junta de propietarios debe reunirse cuando lo considere conveniente el presidente y cuando lo solicite, como mínimo, una cuarta parte de los propietarios o los que representen una cuarta parte de las cuotas de participación».

(2) Ordinaria o extraordinaria.

(3) Se establecerán todos los puntos que se solicitan para que se hagan constar en el orden del día de la convocatoria de la junta.

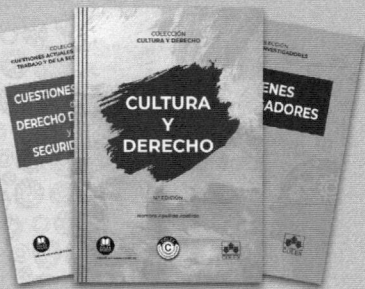